새 시대를 여는
진리의 노래

眞子 李穩昆

새 시대를 여는
진리의 노래

眞子 李穩昆

수필과비평사

목 차

우주宇宙, 자연自然 편

생명生命 편

인간人間 편

III. 일상日常의 도道

수행修行 편

서정抒情 편

서시序詩

참회懺悔

몇 겁에 걸쳐 쌓아온
업인가?

아니면
일생 동안 쌓아온 것이 이토록
크고 무거운가?

내 몸, 나의 골
샅샅이 골골이 스며들어 찌들어 굳어있는
때들
어두운 습기習氣들

줄줄이 꿰어 이어져
치렁치렁 창창
휘감으며 둘러쳐 있는
연연緣鉛의 덩어리들.

너무도 깊고 두껍고 단단하여
어설픈 소제도구들로
엄두도 못 내겠구나.

톱으로 자르고
망치로 부수고
끌로 파고
대패로 밀고
털고 씻고 닦기를
수없이 반복하니
이제야
내 온-참모습 뵈는구나.

몇 겁 업장業障
조금씩 소멸해가니
진리가 점증漸增으로
비쳐 스며드는구나.

진리는 고요한 마음에 비추인다

고요한 호수에
경치가 비추이듯이
고요한 마음에
진리가 비추입니다.

호수에 파도가 일면
상이 일그러지듯이
마음에 동요가 일면
진리가 흐트러집니다.

흙과 쓰레기로 흐려진 물에는
상이 숨어버리듯이
욕심과 거짓으로 채워진 마음에는
진리가 자취를 감추어버립니다.

조용한 시간이
깊은 밤의 별과 같이 오듯이
진리는
정적 뒤의
깊은 명상과 함께 찾아옵니다.

있는 것을 있는 그대로 보라

모든 것을
있는 그대로 보십시오.

어떠한 것도
나의 욕구에 의해서
왜곡시키거나
부족한 감지, 사고, 판단 능력에 의하여
잘못 보지 않도록
최선의 노력을 다하십시오.

아무리 잘보고 잘 판단하려 해도
대상이 주는 정보가 부족하거나
중간 매체가 부실하거나

보는 자의 능력과 여건이 부족하여
올바른 판단에 이르기가
무척 어렵습니다.

더구나
관찰하고자 하는 대상은
항상 변하고 있으며
중간 매체나 관찰자 역시
항상 변하고 있습니다.

그렇다고
있는 것을 없는 것으로
변하는 것을 없는 것으로
치부置簿해버리지 마십시오.

잠간 있는 것은 잠간 있는 것으로
변하고 있는 것은 변하고 있는 것으로
정확히 보려 하십시오.

빨리 변하는 것은 빨리 변하는 것으로
느리게 변하는 것은 느리게 변하는 것으로
정밀하게 보려 하십시오.

긴 것은 긴 것으로
짧은 것은 짧은 것으로
큰 것은 큰 것으로
작은 것은 작은 것으로

그리고
경중輕重, 고저高低, 원근遠近, 소밀疏密, 한열寒熱, 심천深淺,
경연硬軟, 명암明暗, 흑백黑白, 농박濃薄 등의 차이들을
정확히 구분하여 보려 하십시오.

꿈은 꿈으로
구름은 구름으로
무지개는 무지개로
그림자는 그림자로
인형과 허수아비는 인형과 허수아비로
미생물은 미생물로
고등동물은 고등동물로
금은 금으로
흙은 흙으로
공기와 바람은 공기와 바람으로
나무와 바위는 각각 나무와 바위로
비어있는 것은 비어있는 것으로
차있는 것은 차있는 것으로
정확히 보려 하십시오.

5초는 100억년과 다르고
5m는 100광년과 다릅니다.

1나노초, 5초, 10년, 100억년은 각기 다르고
1피코센티미터, 5m, 10Km, 100광년은 서로 다릅니다.

문제는

정확히 보려하는데 있는 것이 아니고
어떠한 대상을
욕심에 의하여 왜곡시켜 보거나

부정확한 정보, 부실한 매체, 잘못된 지식과 판단 능력에 의하여
잘못 결정하거나

이치나 진리, 신과 같이
눈으로 보지 못하고
정신을 통해서만 확인할 수 있는 것을
없는 것으로 해버리거나

인간의 오감과 판단의 부정확성을
아주 정확한 것으로 믿거나

자기가 보는 일부
또는 임의적으로 아는 것을
전체 또는 최종적으로 아는 것으로 간주하면서

진정으로 진리적이지 않는 것
우리에게 필요하지 않는 것
덜 중요한 것
유사한 것들에
오랜 시간을 소모하면서
집착하는데 있습니다.

우리에게 진정으로 무엇이 중요하고

무엇이 크고 무엇이 작으며
우선순위가 무엇이며
그들이 진정으로 무엇을 의미하는지
고려하지 않으면서
각각에 대하여
정도 이상으로 욕심을 부리며 집착하거나
가치에 비해 너무 많은 시간을 소모하거나
유한 속의 무한에 파묻혀
유사한 것들에 마냥 시간을 보내거나
잘못된 목적으로 이용하려는데
문제가 있습니다.

인간에게서
있는 것을 있는 그대로 보는데 있어서
가장 큰 난점은
욕심에 의하여
대상을 왜곡시켜 보는 것입니다.

욕심에 의하여
대상을 덧칠하거나
조급증이나 선입관, 고정관념에 의하여
결과를 오도誤導해내는데 있습니다.

이 우주에 존재하는 어떠한 것도
본성적으로
더럽고 악하고 추한 것은 없습니다.

전체의 일원으로서
전체에 조화되며
있는 그대로 있을 뿐입니다.

쓸모가 있고 없고
우수하고 열등하고
좋고 나쁘고
아름답고 추하고 하는 모든 것들은
우리 인간의 입장에서 정의되는 것들이며
우리의 마음이 지어낸 것들입니다.

때로
사실을 잘못 보고
선악, 미추를 억지 구분해 내는 일은
본성이
순수함과 평등각을 잃고
각양각색의 마음을 지어내어
욕심, 욕구에 의하여 굴절해 보기 때문입니다.
정확히 보기 위해
작은 것을 깊게 들여다보고
전체를 보기 위해
큰 것을 작게 본 뒤에는
본래의 크기로 되돌려 놓는 것이 필요합니다.

있는 것을 있는 그대로 보고
겉모습보다는 내용을
내용에 있어서는 보다 더 진짜인 내용을

정확하게 들여다보려는 것이
물질의 피상이 주는 부족한 정보와
변화가 주는 혼란과
욕심과 마음의 동요에 의한 굴절에서 해방되어
만유를 본성대로 파악하며
진리를 올바로 해가는
첩경이 됩니다.

물질을
순수하고 깨끗한 정신으로 보지 아니하고
이기심과 욕구의 마음으로 보고
물질세계의 끊임없는 변화와
개인적 주관 아래에서 본다면
보는 것이
왜곡되고 불평등하게 보이는 것입니다.

모든 것을
있는 그대로 놓고
그들의 변화의 혼란에 끌려들지 아니하고
사람의 욕구에 의하여 오도誤導되지 않으면서
예리한 분석과 종합의 통찰력으로 객관적 진실을 꿰뚫어 보며
본성과 본질을 이해해가도록 합시다.

인류에 영원한 평화 있으라

온 곳에 진리

만방에 평화!

인류는 하나이어라.
뿌리도 하나요,
사는 터전도 하나이어라.

신이시여
이 우주에 새로운 생명을 불어넣어 주소서.
모든 것을 새롭게 하여 주소서.

태양이 새로운 빛을 내게 하시고
지구의 흙과 물과
이를 둘러싼 공기를
새롭게 해주소서.

인간을
무지에 의한
두려움과 과욕과 자만의 어둠에서
해방되게 하소서.

온 곳이
진리의 빛으로
순수하고 깨끗하고 투명한 세상이
되게 하소서.

그래서
온 인류가

죄와 고통과 어둠의 질곡에서 벗어나
광명과 더불어
우주, 자연, 생명의 만유와 조화되며
만만대대로
평화롭게 살아가게 해 주소서

I

새 시대의 창

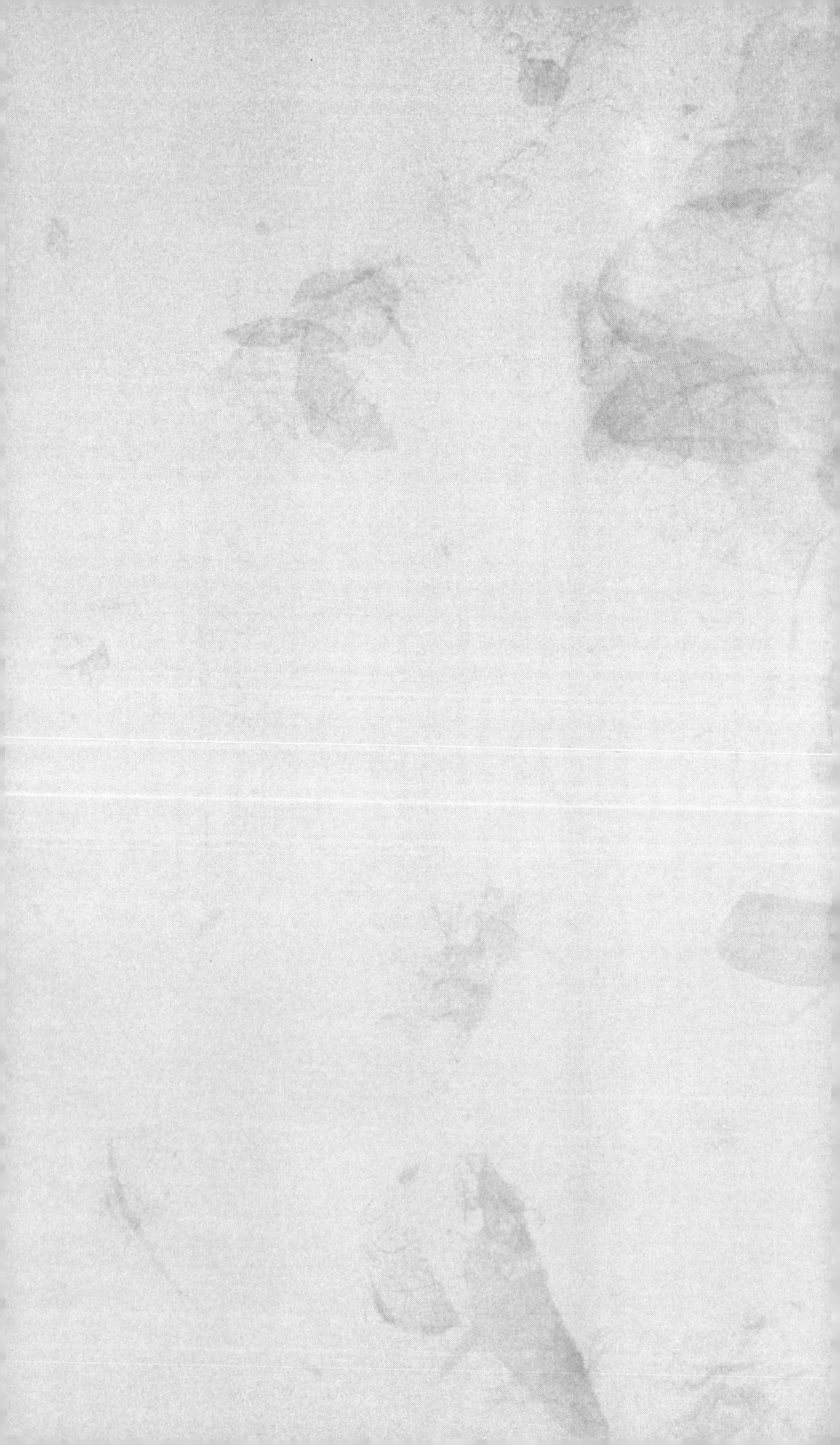

인류의 역사를 돌아보며 회개함

여기 인류가 살아온 그 동안의 역사를 더듬어 인간이 태초에 오직 순수하고 선했음으로부터 지금에 이르기까지 어떤 과정을 거쳐 어떠한 행적을 만들어 왔는가를 밝혀냄으로써 앞으로 인류가 과거의 잘못을 반복하지 않고 만유와 함께 잘 조화되며 영원히 착하고 평등하고 평화로운 삶을 살아나가기를 염원하는 목적에서이다.

1. 신이
   그의 내용인 이치와 함께
   영겁永劫으로 항존恒存하면서
   그의 활동에 따라
   진공眞空에 에너지가 발생하고
   이 에너지들이 여기저기 무리를 지어
   물리세계의 우주들이
   만들어지고 사라지곤 하고 있었습니다.

2. 그러던 어느 시점에
   전체가 하나로 열려 순환하고
   속속들이 살아 법칙들이 동작되면서
   수많은 단계의 알갱이로 뭉치고 흩어지며 변화해가는
   깊고 드넓은 한 우주가 있었으며

3. 그 우주의 무수한 은하계 중 한 편에

은하수 은하계가 자리하고 있고
다시 그 은하수 은하계의 한 편에
태양이라는 큰 항성을 중심으로
빛과 에너지를 공급받으며 궤도들을 돌고 있는
아홉 행성의 태양계가 있었으며

4. 이러한 아홉 행성을 거느린 태양계 내에
세 번째의 궤도를 돌면서
달이라는 조그만 위성을 거느리며 자전하고 있는
지구가 있었습니다.

5. 그리고 그 지구의 위엔 언젠가부터
국지적 자율성을 갖는
생명들이 발생하여
진화 번식해가고 있었으며

6. 그러던 어느 시점에
하늘에서 보다 많은 천성을 얻고
어떠한 생명체들보다도
영특한 지혜를 갖추면서
인류가 생존해가고 있었습니다.

7. 인간은 오랜 세월동안
수많은 적응 시련, 시행착오, 개선을 거친 후
핏줄을 중심으로
동굴 속에서 몸을 보호하고 추위와 더위를 피하며
들과 물에서 풀을 뜯고 열매를 따고

돌과 뼈를 깨 만든 도구로 짐승과 물고기를 잡으며
살았습니다.

8. 그 때는
천둥과 번개, 지진, 화산, 폭풍우와 가뭄이
인간의 잘못에 대한 신의 노여움일 것이라
안절부절 못하며
산에 올라가 제사도 지내고
동물을 잡아 바다에 넣으며
기원과 더불어 용서도 빌었으며
때로는 자연의 이곳저곳에 드러나는 신의 자취에
부분을 전체로 알아
개별의 신들로 모시기도 했습니다.

9. 삶에 있어서 많은 것들이 공포와 두려움이었고
다른 편에서는
자연의 힘과 오묘한 변화에 대한
신비와 경이驚異였습니다.

자연과 신은
인간이 존재하게 된 근원임에는 틀림이 없으나
무지無知와 신뢰의 부족으로
온갖 불안에 떨면서
삶과 죽음을 포함한 그 사이의 모든 것들을
신을 향한 무조건적인 의지依支나
되는 대로의 운명이나
점술에 의탁해야 했습니다.

10. 신은
인간을 포함한 이 우주의 모든 것을
만들어내고 관리 운행하며
때로는 인간에게
행운과 더불어 가혹한 심판과 형벌까지도 내리는
전지전능한 자일 것이라 짐작하여 믿으며
한편에 제장祭場을 만들어 모시면서
우선 다급한 자신의 문제, 씨족의 문제에 치중하여
하나 둘 풀어나가기 시작하였습니다.
무엇보다도
자기의 목숨과 핏줄을 이어가기 위해
먹고 입고 자는 것이 급한 문제였으니까요.

11. 인간이 어떻게 해서 태어나고 죽으며
왜 늙고
질병은 어디로부터 오며
죽어서 어디로 가는지 생각할 겨를도 없이
자연의 항변恒變하는 모습과
만물의 생성소멸生成消滅을 보며
인간도 그들과 같이
자연으로부터 왔다가 자연으로 돌아가는 것이라
의심 없이 받아들이는 것이 일반적이었습니다.

이 때에는 여성이 중심이 되어 씨족을 이끌어가는 모계중심의 생활이었습니다. 이러한 삶으로 엄청난 세월이 흘렀고, 그러면서 기억과 경험은 쌓여가고 두뇌는 아주 조금씩 열려 갔습니다.

12. 삶의 방법은
조금씩 아주 조금씩 변화 개척되어 갔습니다.
자연에 의지하고 순응하며
목숨을 이어가는 것이 일상이었습니다만
때로는
자연에 잘 적응하는 방법과
자연으로부터 주어지는 장애물이나 어려움을
피하거나 극복해내는 방법을 터득해가게 되었습니다.

이러면서 또한 장구한 세월이 흘렀습니다.

13. 그리고 이제는 좀 더 진전하여
아주 조금이나마
자연이 주는 것들에서
좋은 것과 덜 좋은 것
해로운 것과 덜 해로운 것을
선택하여 이용하는 일에 눈이 뜨이게 되었습니다.
좀 더 맛있고 영양이 좋은 것
좀 더 부드럽고 따뜻한 것
좀 더 쉽고 안전한 것을 구분하기 시작하였으며
모든 물체들은 아래로 굴러 떨어진다는 것
상처와 질병에는 더러움보다 깨끗함이 좋다는 것
심하지 않은 상처와 질병은 참고 견디면
저절로 낫게 된다는 것
주위의 자연에서 적당한 재료를 구하여 이용하면
상처나 병을 다소 완화시킬 수 있다는 것을

알게 되었고
자연이 주는 사고事故와 어려움을
임시방편적으로 방지하는 방법도 알게 되었습니다.
주위의 대상물들을 나를 중심으로
이로운 것과 해로운 것
쓸모있는 것과 쓸모없는 것으로
보다 분명하게 구분해내기 시작한 것입니다.

이처럼 삶을 개척해나가는 데 또한 유구한 세월이 흘렀습니다.

14. 그동안 씨족은 조금씩 늘어갔습니다.
기억과 경험은 더욱 쌓여갔고
두뇌는 조금씩 더 열려갔습니다.
불을 이용하여 체온을 덥히고 날 것을 익혀 먹었으며
자연이 주는 그대로를 이용하거나 선택함에서 이제는
이들을 다소 변경하여 사용하는 일에
눈이 뜨이게 되었습니다.
자연의 법칙에
인간의 뜻과 의지를 조금씩 활용해가며
살아가는 방법을 터득하게 된 것입니다.
인위적인 기교가 꿈틀거리기 시작한 것도
이때부터입니다.

15. 먹고 입고 자는 방법은 조금씩 개선되고
질병과 사고事故에 의한 죽음은 조금씩 줄어들면서
수명은 조금씩 늘어났습니다.
씨족의 규모는 계속 커져갔고

커진 씨족 집단의 구성원은
다른 삶의 환경을 찾아 나누어져
여기저기 흩어지며 이동해나갔습니다.

이 과정을 거치며 지상에는 수많은 무리의 씨족들이 이곳저곳에 흩어져 해당 지역의 환경에 맞게 적응하며 살아가게 되었습니다.

16. 이제 단위가 커진 씨족은
질서와 조화가 필요하게 되었고
그래서 나이와 경험을 바탕으로
씨족을 관리하는 씨족장이 생기고
규범과 예절의 개념이 나타나기 시작하였습니다.
살아가면서 얻는 경험과 자연으로부터 배워지는 지식
서로에게 떠오르는 착상들을 모아서
좋은 것을 택하고, 개량 개선시키고, 전수시켜 갔으며
몸짓과 간단한 언어로 이웃에 뜻을 전달하기도 하고
비슷한 모양과 기호로 동굴이나 절벽, 바위 여기저기에
새겨놓기도 했습니다.

17. 그러면서 간혹
인간의 존재와 삶
자연과 신에 대하여 궁금증을 가졌으며
사람이 죽으면
육체적으로는 죽지만 영혼은 살아있을 것이라
기대하며
양지바른 곳을 찾아 땅을 파고
생전에 즐겨 쓰던 생필품과 함께 묻은 뒤

돌이나 표적을 세우고
내세에서의 안녕과 재생까지도 기원하면서
조상신으로써
태양신, 지신, 수신과 더불어 제사도 지냈습니다.

18. 그렇게 살아가는 과정에 이제는
자연의 변화는
어떠한 법칙을 내포하고 있는
신비와 경이임에는 틀림없으나
여기저기에서 일어나는 무서운 힘들은
인간의 잘못에 대한 하나님의 노여움이 아니고
자연에 의해서 일어나는 별도의 현상이라는 것을
알게 되었습니다.
신은 자연을 만들어내고 변화시키기는 하나
인간은 자연으로부터 나온 것이 아니고
신으로부터 직접 창조되고 관리되는
특별한 존재일지도 모른다고 생각하면서
신을 인간의 직접적인 창조주로써 간주하면서
인간보다 월등히 영특한 능력을 가진
인격신으로 모시기도 했습니다.

이 때에도 삶의 문제로 간혹 인간들 사이의 충돌은 있었습니다만
그것은 주위에서 돌과 같은 자연물을 얻어 무기로 이용하는 일과
성의 싸움이었습니다.
이러는 중에 두뇌는 계속하여 개화되어 갔습니다.

19. 이젠 열매는 자연이 주는 대로 따먹기만 하기 보다는

손수 심어서 가꾸는 것이 좋고
짐승은 뒤쫓아 다니며 사냥만 하기 보다는
가두어 길러서 필요한 때 사용하는 것이 좋으며
옷은 나무껍질이나 풀잎보다는
짐승의 가죽이나 털을 손질하여 입는 것이
따뜻하고 오래 간다는 것을 알게 되었고
잠자고 머무는 곳도
자연이 주는 그대로의 어둡고 습한 동굴보다는
밝고 따뜻한 양지쪽의
물이 있고 안전한 곳을 잡아
터를 다듬고 흙을 빚어 벽을 세우고
풀이나 나뭇잎으로 지붕을 얹어 비바람을 막는 것이
편리하고 안락함을 알게 되었으며
돌과 나무, 동물 뼈로
경작과 생활에 필요한
도구와 연장도 만들어 썼습니다.

20. 목숨을 이어나가기 위해
자연이 주는 것들에서 필요한 것
좋은 것들을 선택함은 물론
이들을 목적에 따라 변경해서 사용하는 것에
익숙해지기 시작하였으며
인간의 지혜로써
자연의 재해와 인간의 나약함을 극복해야 하고
어느 정도는 극복할 수 있다는 것
필요에 따라 능동적으로 지혜를 개발하고 이용하면
자신의 삶을 보다 주체적으로 살아갈 수 있다는 것을

깨닫게 되었습니다.

21. 아직도 대부분은
자연이 주는 그대로를 받아
삶을 영위해가는 수준이었습니다만
인간이 자연에서 어떠한 위치에 있으며
자연으로부터 무엇을 얻고 배우며
어떠한 방법으로 응용해갈 수 있는가에 대하여
눈이 뜨이기 시작한 것이며
이에 따라 조금은 자신감을 갖게 되고
내 몸을 스스로 세울 수 있다는
자각이 들기 시작한 것입니다.

22. 이러는 과정에 신은
일상적인 생활에서 조금씩 멀어져 갔으며
그가 차지했던 자리엔
자신에 대한 주체성과 지혜에 의한 해결 방법이
대신하여 채워져 갔습니다.
인간의 마음이
신의 영향력으로부터 점점 멀어져 갔으며
대신에 자만이 싹트고
후에 자만이 계속하여
거만 오만 교만으로 발전해가는 계기가 되었으며
이렇게 발전해간 오만 교만은 후세에
원죄설의 단초가 되었습니다.

23. 그러나 이와 같은

곡식을 경작하고 가축을 기르는 정착적인 과정에
무엇보다도 크게 느낀 것은
남에게 방해받지 아니하고 자유롭게 이용할 수 있는
땅이 필요함과
그 땅이 가능한 한 좋은 조건에 있었으면 좋겠다는
생각이었습니다.
바야흐로 토지에 대한 애착과 개인적 소유욕
나를 중심으로 하고
모든 것을 필요에 따라 주위에 놓아가는
내 중심적 사고가 자리 잡기 시작한 것입니다.

24. 인류 역사 내내 그토록 전쟁의 구실이 되게 했던
물리적 공간 점유 경쟁
내 개인적 소유를 위한 땅 싸움, 영공 싸움에 대한
씨앗이 만들어진 것입니다.
이는 인간에게
자기의 육체와 물질을 중심으로
깊은 집착과 소유욕에 빠져 들어가게 하는
심근深根이 되었으며
후에
물질세계에 대한 무상함과 공空의 이론
인간의 무명 무지에 따른 고뇌 이론을 낳는
단초가 되었습니다.

그러나 이때만 해도 생활 반경은 기껏해야 하루 동안 왕래할 수 있는 몇 Km 이내 수준이었으며 사고思考의 범위는 직계 씨족을 크게 벗어나지 못했고 사람이 소밀한 관계로 다른 씨족들과 부딪치는 일이 그다지 많지 않았습니다.

25. 이러면서 경작지는 늘어갔고
가축 수도 늘어나고
경작하는데 가축의 힘과 도구들을 이용하면서
생산량이 늘어나게 되었으며
경작하는 곡식의 종류와 기르는 가축의 종류도
다양해졌습니다.

26. 그래서 이젠 아주 조금이나마
의식주에 여유가 생기기 시작하였습니다.
차츰 가족들과 함께 즐기는 일에
얼마의 시간을 할애할 수가 있게 되었고
기호품을 즐기게 되었으며
먹고 쓰다 남은 것은
저장해놓은 것이 좋겠다는 생각을 하게 되어
토기와 보관소를 만들어 사용했습니다.
바야흐로 수확물을 축적하는 일에
집념이 미치게 된 것입니다.
이러한 수확물의 축적과 보관은 인간에게
시간의 흐름에 대한 혼란과 더불어
변하는 것을 고정적으로 잡아두려는 집착성과
재산에 대하여 무한 소유욕을 갖게 하는
단초를 제공하였습니다.

27. 아직도 자연이 주는 큰 재난과
간혹 찾아오는 원인 모르는 질병에는 속수무책이었으나
여유와 풍족함의 의미

보다 편하며 자유롭게 산다는 것이 무엇인지
느끼게 되었습니다.

28. 그러면서 경작지는 더욱 넓어져
일정한 지역을 차지하게 되었고
씨족은 번성해서
씨족장이 집단을 제법 강한 권위와 규율로 관리 통치하고
예절과 규범이 강화되고
업무 분장과 일의 효율성 개념이 생겨났습니다.
생활반경 또한 넓어지면서
간혹 이웃하는 씨족들과 부딪치게 되었습니다.

29. 그래서 상호 사이좋게 지내는 방법으로
같이 모여 놀이도 하고, 물물교환도 하고
경우에 따라서는 결혼을 성사시키며
밀접한 혈족관계로 만들기도 했습니다만
왠지 불안함은 숨길 수가 없었습니다.
땅 차지에 대한 경쟁과 축적물에 대한 보호와
목숨에 대한 안전이 걱정이 되었으니까요.
바야흐로 소유한 물질 가치가
순수 인간의 존재 가치를 대신하게 되는 현상이
나타나기 시작한 것입니다.

30. 그래서 때로는
경계에 대하여 협상도 하고 협약도 맺었습니다.
그러나 다른 한편으로는 재산을
깊은 곳에 숨기거나 울타리를 만들어 보호하는 것이

중요함을 느끼게 되었습니다.
이젠 자연이 주는 재해에 더하여
주위 인간들로부터 목숨과 재산을 지켜나가는 것이
중요한 일로 추가되었으며
또한 이웃과의 경쟁과 힘의 대결에서
이겨야 살아남는다는 생각을 하게 되었습니다.

인류 역사 내내 그토록
반목과 갈등을 일으키며 싸워오게 했던
내 것, 네 것의 지킴과
인간의 경쟁에서 이기기 위해
물리적 힘을 최우선시하는
정글 법칙의 사회로 불이 붙기 시작한 것입니다.

31. 이러한 씨족의 번영과
땅과 물질에 대한 점유욕, 이웃에 대한 승부욕은
계속하여 서로 상승 작용을 일으키며 커져 갔으며
이들을 위해서는
더욱 많은 노력과 힘이 필요하며
승리를 위해서는 무엇보다도
두뇌를 최대한 사용해야 한다고 생각하게 되었습니다.
씨족의 번영과 재산을 늘리기 위해서는
물리적 힘을 갖추어야 하고
그러기 위해서는 더불어
두뇌의 개발에 최대한 집중해야 한다는
두뇌 경쟁에 의한 투쟁의 방향으로
인류의 역사가 가동되기 시작한 것입니다.

또한 이러한 과정에 싸우는 무기는 자연석에서 깨고 다듬은 돌이나 동물 뼈로 된 돌칼, 돌창, 돌도끼, 골창으로 변해 갔으며, 사회는 차츰 모계중심사회에서 물리적 힘을 위주로 하는 부계중심사회로 변해갔습니다.

31. 이러면서
가족과 씨족의 규모는 커가고 씨족 수는 늘어났으며
경쟁은 더욱 치열해지고
생존에 대한 욕구는 더욱 커가고
다른 씨족과의 충돌과 싸움도 잦아졌습니다.
이와 같은 인구 증가와 생존 경쟁의 증대는
생활을 씨족 중심의 사회에서
이익을 매개로 한 부족附族중심의 사회로
이전해가게 했습니다.

33. 자연의 힘과 각자의 힘을 가장 효율적으로 이용함은 물론
협력을 바탕으로
다수의 지혜와 힘을 하나로 모아
성과를 최대화하는 방법을 찾기 시작한 것입니다.

34. 서로 도움을 주는 사람들끼리 집단을 이루면서
공통으로 이익이 되는 생각들을 모으기 시작하였으며
서로의 협동을 위하여
상대를 이해하는 법, 일을 효율적으로 하는 법
공동의 이익을 나누는 법
충돌이 발생하였을 때 조정하는 법을 터득해 갔으며
이를 위해

서로 뜻을 전하고 교환하는
언어 교신수단도 발전되어 갔습니다.

35. 잉여물의 나눔이나 필요한 물질을 얻기 위하여
물물교환과 더불어
귀한 돌이나 조개껍질을 갈아
화폐로 이용하기도 하기도 하고
갈고 빚어 쓰던 돌과 뼈와 진흙으로 된
연장과 생활도구는
좀 더 단단하면서도 원하는 형태로 가공이 가능한
청동기로 대체되어 갔으며
이에 따라
생산성은 크게 증대되고 생활은 편리해졌습니다.

이 과정에서 불은 단단한 광석을 녹여 청동기를 제조해내고 거친 임야를 태워 경작지로 변모시키는 일에 이용됨으로써, 인류의 생활의 패턴을 획기적으로 바꾸는 일에 사용되었습니다.

36. 이처럼 부족이 모여 살게 됨으로써
사람들 사이에 이젠
이로움과 해로움, 선함과 악함
정의와 부정의의 사회적 개념이 나타났으며
선한 자는 천당에, 악한 자는 지옥에 가게 될 것이라는
전통적 종교 개념도 싹트기 시작하였습니다.

37. 싸우는 데 사용되는 칼과 창도 청동제로 바뀌고
방패와 갑옷도 만들어 쓰게 되었으며

싸움은 더욱 처절해지면서 집단화, 전술화되어 갔으며
이에 따라
죽고 다치는 자의 규모가 더욱 커지게 되었습니다.

38. 그러면서 이젠
개인의 욕구에 의해서나 공동의 필요성에 의하여
힘이 센 자, 능력이 있는 자, 지혜로운 자가
전체를 관할하거나 타인을 통치하기 시작하였고
필요한 경우
소질과 능력에 따라 하는 일을 나누어 맡거나
계층적 종속관계를 만들어 통치하고
인간을 노예나 하인으로 이용하기에 이르렀습니다.
인간들 사이의 종속관계가
통념화되기 시작한 것입니다.

39. 부족 집단들은
통치자를 중심으로 협동적인 노역을 하며
공동 길을 내고, 배수시설을 만들고, 성을 쌓으며
도시를 만들어 갔습니다.

40. 여러 부족들을 통합한 큰 집단에는
강력한 왕이 나타나
위로는 신을 모시고 아래로는 많은 부하들을 거느리며
백성들로부터 세금과 노역을 거두어
거대한 궁전을 짓고 호화로운 생활을 하면서
나라를 통치하였으며
인력거나 마차의 통행을 위한 도로를 만들고

물을 막아 홍수를 조절하고
수로를 만들어 필요한 때 물을 대
농작물을 풍성하게 하기도 하고
곡물 창고를 짓고
여리 사람들로부터 모아진 경험과
태양, 달, 별, 자연의 관찰에서 얻은 지식을 바탕으로
농사 달력도 만들고
씨 뿌리고 수확하는 시기를 조절하는 등
지혜들이 늘어났으며
외부 침입을 막는다는 목적으로
싸우는 조직을 만들고 집단으로 무기도 만들었습니다.

41. 한번 잡은 권력은
신격화나 공고히 다진 규율과 전통을 통하여
대를 물려 세습되었습니다.
막강한 권력의 왕은
신과 동일시되거나
사제를 겸하면서 신탁을 이용하여
백성 위에 절대적으로 군림하며
신에 준하는 존재로 떠받들어졌으며
죽은 후에는
큰 땅을 차지하며
값비싼 귀금속, 생필품과 함께 묻히고
높은 곳에 큰 제단이나 기념물을 만들어
신과 같이 모셔지기도 하며
전설화되기도 하였습니다.

42. 때로는
신관을 따로 두어 종교 의식을 맡기기도 하였으며
이에 따라 신관이
신을 모시며 신탁을 다룬다는 이유로
왕 위에 군림하려 하여
왕과 신관 사이에 충돌이 발생하기도 하였습니다.
이는 오랜 역사 기간 동안
신을 자기편에 끌어들여 이용하려는
전형적인 예가 되었으며
세속적인 권력과
신을 등에 업은 신앙적 권력이 싸우는
범례가 되었습니다.

인류 역사의 초기에는 아주 오랜 기간 동안 신을 모시는 권위가 세속을 통치하는 권력보다 우위에 있으면서 제정일체를 이루었으나, 차츰 인류가 현세화 되어감에 따라 세속의 권력이 종교의 권위보다 우위를 차지해가게 되었습니다.

어느 지역 또는 나라는 현재까지도 종교 권위의 우위와 제정일체의 전통을 지속해가고 있으며, 어느 나라는 그 유래를 이어 특정 종교를 국교화 하여 전 국민 또는 지배 왕족이 한 종교만을 믿는 것을 관례화해오고 있습니다.

인류의 역사동안 어느 지역에서는 새로운 왕이나 국가가 들어서면서 통치 이념을 공고히 하기 위한 수단으로 새로운 종교를 국교로 정하거나 특정 신앙으로 교체하기도 하였으며, 이에 따라 과거의 세력과 알력이 발생하고 가치관과 이념, 신앙 자유에서의 혼란, 인적 물적 피해가 일어나기도 하였습니다.

현대의 대부분의 국가에서는 종교와 권력이 분리되어 있으며 국민들에게 신앙의 자유가 보장되고 있습니다.

43. 인간 사회는 이제
왕, 신관, 무사를 포함하는 귀족
농사 등 생산에 종사하는 일반 백성
남에 종속되어 일만하는 노예의 계층적 구조로
더욱 공고해져 갔습니다.

44. 신은 지구의 이곳저곳에서
지역, 씨족, 나라에 따라 다르게 개념화되고
별도로 모셔지고 있었으며
인간의 생활에 큰 영향을 미치거나
큰 위력을 가진 것으로 느껴졌던
하늘, 태양, 대지, 물 등 자연물이나
인간의 정신적 활동과 관련된 지혜와 사랑, 천당, 지옥
또는 인간의 중요한 행위와 관련된
전쟁, 국가의 중요 행사 같은 것에 대해서는
별도적인 신으로 구분하여 모셔지기도 했습니다.

45. 왕의 권력은 더욱 증대되고 집중화되어 갔으며
개인의 생활을 더욱 좌지우지해갔습니다.
그러면서 인류 사회는
왕 또는 권력자라는 강력한 통치자를 중심으로 한
체계적인 대집단 조직생활로 보편화되어 갔습니다.

46. 이처럼 강화되어간 권력은
영역 내에 속하는
땅을 포함한 공간과 물질과 인간에 대한
모든 권한을 독차지함으로써

역사 내내
힘과 재물, 인권에 대한 배분 시비를 일으키며
정의, 평등, 자유의 이름아래
무수한 사람들을
투쟁하게 하고 죽어가게 하였습니다.

47. 그러면서 공동 집단은
안으로 단단히 뭉치고
밖으로는 갈등을 더욱 키워가는
방향으로 발전되어갔으며
사회는 점차
인간을 중심으로 한
인위적인 사회로 변모해갔습니다.

48. 이때에도
우주와 자연에 대한 지식은
별로 진척된 것이 없었으나
생활의 경험에서 얻은 지식과
자연에서 배운 이치들을 바탕으로
생활에 필요한 연장과 도구를 만들어 사용하는
기교와 기술은
계속하여 진보되어 갔습니다.

49. 인간의 노력은
자연으로부터 오는 재난과 재해를 줄이고
자연의 이치를 이롭게 활용하는 차원에서
이제는 더 나아가

그것들을 지배 통치하거나
의지대로 만들어 이용하며
인간을 대상으로 하는 경쟁과 싸움에서 이기고
상대를 지배할 수 있어야 한다는
자연 지배, 인간 투쟁의 역사로
전환되어 갔습니다.

50. 이러면서 사람들은
나를 기준으로 해서
인간을 내편과 적의 편으로 나누는
이분법적인 사고에 익숙해져 갔으며
'인간은 다른 동물보다도 월등한 지능을 가지고 있다.
고로 인간은 만물의 영장이다'
'신은 인간을 특별히 만들었으며
인간은 자연을 포함한 모든 동물을 지배해도 좋다'
'인간의 경쟁자는 인간일 뿐이다'
'인간을 지배하는 자가 지상을 지배한다' 라는 사고가
무르익기 시작하였습니다.

51. 이러는 과정에서
부족한 힘이나 재산에 대한 욕심은
남의 것을 빼앗거나
훔치려는 마음으로 발전하였습니다.
재산에 대한 욕심과 힘에 대한 욕구는
개인간의 갈등과 집단간의 싸움을
더욱 자주 그리고 더욱 크게 일어나게 했습니다.

52. 때로는 태어날 때 가지고 나오는 선한 마음과
서로에 해를 끼쳐서는 안 된다는 정의의 마음이
동작되기도 하고
간혹 어디에선가 신이 지켜보며
벌을 내릴지도 모른다고 생각하며
곁눈질을 하기도 했습니다만
차츰 그러한 우려들은
무디어지고 습성화되어진 체
이제는 모른 척 덮어 저만치 밀쳐놓고서
원하는 목적을 성취하는데 익숙해지기 시작했으며
어느 때는 아예 신을
자기편으로 끌어들이거나
자기편만을 위한 신으로 정의하여
아부 아첨도 하고
유리한 대로 주문도 하였습니다.

53. 남의 것을 훔치는 일과
빼앗는 일이 더욱 빈번해지면서
마음은 악함으로 물들어가고
이에 따라 개인의 양심이
사회적 도덕과 윤리의 형태로 나타나고
도덕과 윤리는 규칙으로
규칙은 다시 법으로 강화되어 갔습니다.

54. 개인들의 목숨과 재산을 지켜주고
개인들 사이의 경쟁과 갈등을 조정해주는 일이
권력의 중요한 일로 대두되었고

인위적인 법을 다루는 법관의 직업이
새로운 권력으로 부상하고
법과 처벌은 더욱 강화되어 갔으며
인간이 스스로 만든 법에 의하여
스스로의 사회에서 격리되거나 처형되는 일까지
보편화되어 갔습니다.

55. 또한 나라들 사이에는
무기와 싸우는 기술이
더욱 경쟁적으로 새로이 개발되어 갔으며
약탈과 침략전쟁이 더욱 빈번해졌습니다.

56. 신은 때로는
질병, 가난, 핍박으로 어려움을 겪는 자에게 위로를 주고
선善에 대한 증표가 되기도 했습니다만
다른 한편에서는
개인이나 집단 차원에서
자기편의 이익과 목적을 위해 끌어들여 이용하는
이기주의적 신, 목적 위주의 신으로
일반화되어 갔습니다.

57. 인간들의 마음은
욕심으로 물들어 가고, 거짓으로 왜곡되고
살려는 필사적인 조건으로 덧칠해지면서
서로가 서로의 이리가 되어가고 있었으며
인간이
자연과 생물들의 폭군으로 군림하며

신을 제켜놓고
지구의 주인이 되어가고 있었습니다.

58. 물질은 제한되어 있고 물리적인 힘은 상대적인 관계로
한편이 많이 차지하면 다른 편은 적게 차지하고
어느 한 쪽이 뭉치면
다른 쪽 또한 생존을 위해 뭉쳐야 했습니다.
그래서
개인과 집단, 집단과 집단간의 갈등과 경쟁은
계속하여 늘어만 갔고
큰 힘을 만들기 위하여
집단적인 단결과 협동은
더욱 불붙기 시작하였습니다.
눈에 보이는 것은 모두가
선점 경쟁의 대상이 되었고
인간이 인간의 위-아래에 있게 되는
권력의 계층 구조가
더욱 굳어져 갔으며
힘과 재산이 큰 격차를 이루면서
개인들과 집단들 사이의 알력은
더욱 커져 갔습니다.

59. 지구의 어느 지역에서는
하늘의 뜻을 받은
성인군자聖人君子들이 연이어 나타나
백성을 순하게 교화시키면서
덕德과 예禮를 바탕으로 한 정치로

물심양면의 생활을 넉넉하게 하고
세상을 평화롭게 해
후세 왕들의 모범이 되고
어느 지역에서는 지구상 일찍이
시민에 의한 직접 민주정치가 행해져
활기찬 삶과 화려한 학문과 예술을 꽃피우면서
후세 민주주의의 효시가 되기도 했습니다.

60. 그러나 대부분의 지역에서는
물리력을 앞세운 왕들이
자기만이 나라의 주인인 양
제도와 법을 만들고
권력으로 백성을 부리고
군대를 양성하며
지상의 절대적인 신으로 군림하였습니다.
그가 거처하는 왕궁은
지상의 천국과도 같이
수많은 신하와 궁녀들을 거느리며
백성들에게서 거둬들인
금과 은, 보석으로 장식하고
온갖 진미의 음식을 즐기며
풍류가 그치질 않았습니다.
때로는 더 넓은 영토에서 권력을 누리기 위해서
또는 자기의 용맹성이나 가진 힘을 과시하기 위해서
백성의 목숨이나 재산, 자연의 파괴에는 아랑곳없이
백성들을 동원하여
이웃 나라와 전쟁을 벌였습니다.

생활이 핍박해진 농민이나 노예들은
여기저기에서 반란을 일으켰으나
강한 왕권의 힘 앞에 패배 굴복하여
참혹한 보복만을 가져오는 것이 보통이었습니다.

61. 이러한 과정들을 거치는 동안
농기구와 생활 연장은
단단하고 견고한 철기제로 바뀌었으며
다양한 용도를 위해 제조가 가능하게 되었습니다.
인간의 물질적 생활은
더 여유가 있고 편리해졌으며
자연으로부터 오는 재해와 재난에 대한 예방은
강화되고
시간적 여유도 더 많아졌습니다.

62. 사회에는 여러 직업들이 생기고
인간은 긴급한 의식주 문제에서
다소 해방되어 갔습니다.
도로에 마차가 다니고
바다에 돛단배가 이용되면서
사람과 물질의 이동이
빨라지고, 대규모화되고 멀리까지 닿게 되었으며
화폐가 금 은으로 만들어지고 항해술이 진전되면서
바다 건너까지도 교역이 가능하게 되고
인간의 생활반경과 사고의 영역도
넓어지게 되었습니다.

63. 동시에
화약이 총포를 만드는데 이용되고
발달한 교통과 운반수단이 전쟁에 이용되면서
전쟁의 규모는 더욱 커지고 신속해졌으며
일시에 더 많은 사람을 죽이고
더 많은 재산을 파괴할 수 있게 되었습니다.
생활이 편리해진 만큼 전쟁기술이 발전하고
생활에 여유가 생기고 수명이 늘어나는 만큼
무기에 의한 재산 파괴와 인명 살상의 규모는
비례하여 커져 갔으며
집단의 규모가 커질수록 전쟁의 규모도 커지고
집단이 내부적으로 단단히 뭉칠수록
밖으로의 전쟁은 더욱 참혹해졌습니다.

64. 인간의 물질에 대한 소유욕은
안으로 다스려지기 보다는
밖으로부터 충족시키려는
외부 지향적인 사고로 더욱 더 변해갔습니다.
무한적인 욕구를 유한의 물질에 의하여 충족시키고
육체적인 것으로 정신적인 만족을 대신하려는
불가능한 일들에 인류가 빠져 들어간 것입니다.

65. 우리가 사는 지구나 우주에 대해서 아는 바가
크게 진전되지는 못했으나
바다와 큰 산을 넘으면 다른 종족과 백성들이
살고 있다는 것을 알게 되었고
그러면서도

평평한 땅과 바다를 아주 멀리 가면
지구의 끝인 엄청난 낭떠러지가 나오고
거기에는 지옥이 있을지도 모른다고 생각하였습니다.
그리고 이 우주에는 오직 이 지구상에
그리고 이 지구상에는 오직 인간만이
지능을 갖춘 동물로써 존재하고 있으며
지구는 모든 천체 중에서 우주의 가장 중심에 있고
별과 해, 달은
인간이 살고 있는 지구를 비추기 위해 만들어져
그 주위를 빙빙 돌고 있다고
인간을 중심으로 생각하고 있었습니다.

66. 인류가 계속하여 악해지고, 타락하고
사회가 어지럽게 되어가는 것을 보면서
지구의 여러 곳에서는 성인聖人들이 나타나
물질세계의 덧없음을 이야기하고
육체 중심의 생활에서 벗어나
무위자연無爲自然, 금욕 절제하며
정신적인 삶을 살도록 권하고
진리와 도道와 인仁에 대하여 말하였으며
왕과 권력자들에게는
힘에 의한 통치와 재산의 격차를 줄이며
덕의 정치를 베풀도록 주문하고
사람들에게는
서로에 대해 자비와 사랑을 나누며
병든 자, 가난한 자, 약한 자를 돕도록
설파하고 다니면서

인간을 정신적 세계, 고통과 고뇌가 덜한
평화 평등의 세계로 인도하려
살신성인하였습니다.
이에 더불어 또한
여기저기에서 많은 현자들이 나타나
잘못 살아왔던 인류의 삶을 반성하고
수행과 명상과 사색을 통해 얻은
바른 삶을 사는 길을 보여주며
백가쟁명百家爭鳴하기도 했습니다.

67. 그러나 인류는
그러한 성현들의 가르침과 제시提示들을
현실 세계와는 동떨어진 것으로 보면서
머리로는 어느 정도 따라가나
몸은 현세에 깊이 빠져들며
이상과 현실, 두뇌와 몸, 생각과 행동 사이에
괴리를 만들며
이중적인 생활을 하는데 익숙해져 갔으며
물질적 풍요와 물리적 힘과 눈에 보이는 현실에
더욱 치중해져 갔습니다.
이후, 인간의 세계는
정신적으로 계속하여 타락해져 가기만 했습니다.

이 때 나타난 성인 중 몇은 존대받기는커녕 도리어 사회를 혼란시킨 혐의로 세속 권력에 의해 처형을 당해야 했으며, 왕에게 덕에 의한 정치를 주문한 학자들이 책의 불살라짐과 함께 몇 백 명이 동시에 생매장당하는 변을 당하기도 했습니다.

그래도 이때의 철학자들 대부분은 인간의 위치를 신과 우주와 자연의 조화 속에서 찾고자 노력하고 있었습니다.

68. 인간은 점점 모든 것을
나 위주, 인간 위주, 현실과 육체 위주로 정립해 갔으며
자기가 없으면 아무 것도 없다는 식의
독단적 주관주의로 흘러갔습니다.
따라서 에고는 계속하여 쌓여만 갔고
모든 것을 자기를 중심으로 해서 생각하고 판단하는
개인 중심의 세계로 변해갔습니다.

69. 육체적 강함과 모험적 용기와
전투적 통솔력은 칭송되었습니다.
싸워서 이기는 자, 막대하게 영토를 정복하는 자는
영웅이 되고, 용감하고 탁월한 자로 인정되었으며
모든 것들이
이긴 자 위주로 정당화, 합리화되기도 했습니다.

70. 오랜 시대를 거치며
가끔 세기世紀의 영웅이라는 자들이 나타나
무모한 용기를 뽐내고 힘과 무기를 휘두르며
사람의 목숨을 파리 목숨 정도로 생각하면서
자국 백성에 대하여
애국심을 부추기거나 공포감을 조성하여
단결하게 하며
다른 나라와 전쟁을 하면서
큰 대륙을 휩쓸어 대제국을 형성하기도 했습니다.

그러나 이처럼 세기를 무모한 용기와 힘과 무기로 흔들었던 '영웅'들은 지금 어디에 있으며 그들은 인류에게 과연 무엇을 남기고 갔을까요? 그들은 사는 동안 행복했을까요? 그들은 죽은 뒤 좋은 곳에서 지내고 있을까요? 그들이 죽이고 간 사람들과 파괴하고 간 인류의 유적 유물과, 자산, 자연만이 그들의 족적이 아닐까요?

71. 이러한 과정에서
인간의 기교와 기술은 계속 늘어 갔고
이에 따라 인간의 물질적 풍요, 육체적 편의는
다소씩 증대되었으나
거짓과 속임, 인간의 능력에 대한 자만과 오만은
더욱 앞서서 커져갔습니다.

72. 신은 반신반의되거나 아예 무시되기도 하고
광신적으로 믿어지는 경향도 나타났습니다.
때로는 신이
사람의 마음을 다스리고
고통과 번뇌에 위안을 주는 역할을 하기도 했습니다만
민족이나 나라의 고난을 이겨내고
경쟁에서 승리하는 방편으로 이용되기도 하고
아예 부정된 채
자기가 가진 이성과 능력만을 믿으며
살아가는 사람도 생겨났습니다.

73. 그러면서 이제 개인은
자신을 보호해나가기 위해서나
자신의 역량을 키워나가기 위해

어느 집단엔가 소속되어야 했으며
더 나아가 자진 참여하여
소속 집단의 힘을 크게 해야 한다고 믿게 되었습니다.
힘을 합해야 큰일을 할 수 있다는 협동심이
집단 강화주의, 애국주의, 집단 생존주의로 발전하면서
내부적으로는 물리적 힘을 더욱 강화하고
밖으로는 더욱 배타적이 되는
갈등 심화 경향으로 흘러갔습니다.

74. 여기저기 인위적인 도시가 형성되고
벽돌을 이용한 포장도로들이 만들어지고
공중목욕탕과 공공 사무소 및 상가가 들어서고
상인과 직공, 금융업자, 사무직인들이
도시에 모여 살게 되었습니다.

75. 그러나 이러할수록
개인간, 집단간, 지역 또는 나라간의
권력의 차와 빈부의 차는 커가고
자연을 대상으로 하는 1차 수확자인 농민이나
육체적인 노동자 보다는
도시에서 사람이나 사회를 대상으로 일하는
통치 관리자나 두뇌 노동자들에게
부와 힘이 치중되어 갔습니다.

76. 이러한 현상은 인류 역사를 통해서 지금까지
계속 강화되어 오고 있으며
인간에게

자연과 흙, 노동과 땀의 귀중함을 잊게 하고
별도의 운동을 만들어
땀을 흘리며 건강을 유지하게 하고
게으름에 기울게 하고
처세와 간교에 밝게 하는 생활로
변모해가게 했습니다.

77. 인간의 생활이 힘과 물질 위주로 이루어지면서
정신적인 존재인 신은 삶에서 계속 멀어져 갔으며
참다운 지혜는
생활을 살아가는 잡다한 지식과 기교들로
대체되어 갔습니다.

78. 신은 이 우주가 발생되게 하고
전체 하나로 운행되게 하는 유일한 존재이고
전 인류는 한 뿌리임에도 불구하고
사람들은
－진실한 신앙과는 관계없이－
지역에 따라 또는 이익과 목적에 따라 패로 나뉘어져
신을 특정 개인 또는 집단을 위한
최-우두머리 정도로 생각하고
계시를 받은 것으로 알려진 메시아와
위대한 가르침을 준 성인들을 앞세워
교리와 경전, 우상적인 표상을 만들어
곳곳에서 이런저런 종교를 만들어 갔으며
이러한 종교들을 중심으로
집단적으로 이념 신념화되며 뭉쳐갔습니다.

79. 어떠한 종교는
창시된 지 얼마 안 되어 신의 계시임을 내세워
'한손에 칼, 한손에 경전'을 들고
영토를 확장해가는 일에 나섰으며
또 다른 종교는
세속적인 권력과 결탁하거나
다른 지역보다 앞서 발전한 물질문명과 결합시킨 뒤
문명을 앞세우거나 무력적인 전쟁도 불사하거나
박해와 순교를 발판으로 삼아 세력을 넓혀 갔습니다.

80. 권력자들은
자신들의 목적을 위해서나 백성을 위한다는 명분으로
내부적으로 더욱 공고히 뭉치게 하면서
독재를 강화하고
천성적으로 가지고 나오는 자유를 제약시켰으며
외부 집단과의 알력을 크게 하며
전쟁을 일으키기도 했습니다.

81. 힘과 권력이 축적된 일부 나라들은
물리적인 힘을 앞세워
평화롭게 살고 있는 이웃의 조용한 나라들을 침범하여
영토를 점령하거나 약탈을 일삼았습니다.

82. 개인과 나라 사이에는
의무와 권리 관계가 싹트고
이를 바탕으로
다양한 사회적인 제도와 법이 만들어져 갔습니다.

83. 가난한 자, 핍박 받는 자, 노예들은
의식주 해결과 자유의 속박에서 고통을 받는데
귀족과 부자는
무위도식하며 옷과 집을 장식하고 사치를 하고
여유와 풍요를 누렸습니다.

84. 사회의 다른 한편에서는
상호 삶의 편의를 도모하거나 이익을 추구하는
다양한 단체와 조합들이 생겨나기도 했습니다.
그래서 이제 개인은
권력적인 집단, 종교적인 집단, 이익을 위한 단체 등
여러 인위적인 집단들에 속하면서
집단 내에서는 개인과 개인
집단 밖으로는 집단과 집단 간의
경쟁과 투쟁의 갈등 속에 살게 되었습니다.

85. 오도되고 편협된 신앙관을 가진 종교는
통치세력과 손잡고
다른 종교를 믿는 이교도를 탄압하고
자기 종교를 강요하거나
자기 종교로 강압적으로 개종시켰습니다.
어느 종교는
교리 해석과 씨족적 뿌리에 따라 여러 종파로 나뉘어
다른 종파를 이단시하며 죽기 살기로 싸우기도 하고
신념을 앞세워
종파 간에 수십 년에 걸쳐
피비린내 나는 전투를 하기도 하였습니다.

86. 세속 권력인 국왕과 제후
종교 권위인 교황과 추기경
다른 종교들
같은 종교내의 다른 종파와 분파들
이들 간의 합종연횡적 권세 싸움은
각종 굴욕과 유수, 파문, 분열, 이단 등을 만들어내며
수백 년에 걸쳐 전쟁을 계속되게 했습니다.

어느 지역에서는 이러한 권력과 종교를 위한 전쟁에 전문 싸움꾼을 대주고 돈을 받는 전투 전문 용역 집단도 성행할 정도였습니다.

87. 물질적으로 다소 여유가 생겨
도시 공간에 웅장한 건물과 조각물도 들어서고
옷과 주택에 치장과 장식도 하고
음악, 연극, 시, 그림에 대한 예술도 즐겼습니다만
그러한 것들은 대부분
일반인 생활과는 관계가 먼
종교 의식이나 귀족들의 사치를 위한 것이었고
재능인들이 그들에게 바치는
삶의 수단들이었습니다.

88. 때에 따라서는 종교가
사람의 정신과 마음을 정화시키고
사회의 목탁이 되면서
선의 승리의 보증자가 되기도 하고
삶의 고달픔이나 죽음에 대해
위안을 주는 보루가 되기도 하면서

자연의 법칙에 대한 뛰어난 영감을 낳고
시, 조각, 그림 등 위대한 예술을 창조하는
원동력이 되기도 했습니다.

89. 그러나 이성理性보다 지나치게 앞서 나간
종교의 무비판적인 추종과
현세의 이익을 좇기 위한 신의 잘못 끌어다 씀은
신에 대한 인식을 그르치게 하고
순수한 천성을 잃고
인간을 맹목적으로 신에 아부 아첨하게 하였으며
다른 한편으로는
조금씩 깨우쳐져 오던 이성을
자만과 오만으로 병들게 하고
욕심과 악과 더러움으로 채워져 가게 했습니다.

90. 한편에서는
많은 수도원들이 들어서고
성직자들이 종교의 부패에 대하여
자체적으로 정화하려 부단한 노력을 기울였으나
다른 한편에서는
인간의 약함과 몽매함을 이용하여
신을 팔아가며 사람 위에 군림하거나
아부 아첨하며 세속적으로 타락되어 갔습니다.
성직자들은
지은 죄를 면제해주고 돈을 받았으며
천당에 가는 표를 팔고, 성직 자리를 팔고
세속의 이권에 개입하고

호화롭고 문란한 생활을 하고
종교적 권위와 경전의 내용을 기준으로
자연을 탐구하는 자들의 이성을 억누르고
사사로운 이념의 논쟁으로
종교 재판을 일삼았습니다.

91. 성지탈환을 목표로 시작된 십자군 전쟁은
종교와 세속 권력간, 이종 종교 간의
세속적인 욕구들을 거침없이 드러내면서
2백여 년 동안 10차례에 걸쳐
신앙의 깃발아래 군軍을 조직하여 출정을 하면서
본래의 목적까지도 벗어나
이교 주민들에 대한 무차별 학살과 상권 확대와
약탈을 일삼았으며
소년소녀들로 구성된 십자군은
목적지로 가는 도중
수만 명이 행방불명되거나 노예로 팔려가는
어처구니없는 일이 발생하기도 하였습니다.

92. 대부분의 사람들이 종교를 가지면서
성직자들의 수가 급증하고
수많은 웅장한 대성당이 들어서고
장엄한 조각과 찬란한 그림들이 그 속을 채우고
시나 소설들이 지옥 연옥 천국을 써대며
불가지론자들이 신앙에 대하여 차마
말조차 꺼내지도 못하는 상황이었지만
인간의 이성은 억눌리고

세상은 어둡고 침울했습니다.
때로는 말세론, 종말론이 세상을 휩쓸며
세상을 어수선하게 했고
희망을 느끼지 못하는 사람들이나
천국을 조급하게 기다리던 사람들을
개인 또는 집단적으로 자살에 이르게 했습니다.
이러한 말세론, 종말론은 지금도
사람들의 뇌에 깊이 자리하게 된 채
간혹
생활에 지친 사람들이나
진리를 올바로 알지 못하며 오도된 자들에게
자살의 충동과 유혹으로 작용해오고 있습니다.

93. 각 나라 권력들은 여전히 세력 확장에 몰두했고
이를 위해 국가간 정략결혼이 성행하고
기사계급이 매력과 숭상의 대상으로 추앙받았습니다.
일반인들은 삶의 생기를 잃은 체
자기 생활권 보호를 위해
길드들을 조직하여 소속되었습니다.

94. 활판 인쇄술이 발전하면서
일반인들에게 성서, 신문, 시, 소설들이
널리 읽히게 되었습니다.
저작물들의 일반인에의 보급과
이에 의한 정보의 공유는
시민들의 지적 수준과
시민 의식을 크게 향상시켰습니다.

95. 시민들은 적극적으로 권리를 주장하면서
의견을 개진하는 일에 나섰으며
이는 종교의 개혁, 사회 관심사에의 참여
평등 의식의 고양, 문명의 일반화 등에
크게 영향을 미쳐갔습니다.

96. 이 과정에 시민들의 힘은 커가고
그들을 한 데 묶어
세력화하는 방편도 용이해졌습니다.
폭정이나 부패하거나 실패한 정책에 대하여
반기를 들고, 반란과 혁명을 일으키고
군주나 왕을 내좇거나 굴복시켜
국가의 중요한 일에 시민의 의견을 듣도록 하거나
의회를 만들고 대표를 선출하여 법을 만들면서
통치에 직접 참여하기도 하였습니다.

97. 그러면서 절대적인 왕과 군주의 통치 권력은
급속히 쇠퇴되어지고 시민들에게 이양되어갔으며
백성들이 직접 대표를 뽑아 국정에 참여하는
국민 참여 체제로 차츰 옮겨 갔습니다.
권리와 의무의 사회 계약 관계와
자발적 참여에 바탕을 둔
강력한 내부 결속적 국가주의가 탄생해간 것입니다.

98. 애국심이 스스로를 위해서나 같은 국민들을 위해서
최대의 정의로운 가치로 강조되기도 하고
나라를 위해 공을 세운 자들은

영웅이나 애국열사로 추대되어
국립묘지에 묻히며 후손들에게 보상이 주어졌으며
권력자들이 이러한 시대적 흐름을
통치의 수단으로 이용하기도 하였습니다.

99. 그러나 이러한
집단 우선주의, 국가 우선주의, 법치 우선주의는
공동의 목적을 앞세운 나머지
인간의 존엄성과 자유를 축소시키고
인간이 만든 법이 스스로를 옭아 메고 통치당하는 사회로
변모해가게 했으며
개인은 사회와 국가의 한 구성원으로써만이
존재의 의미를 가지며
개인과 자연 사이에 사회와 국가 조직이 자리잡게 되는
그래서 인간은
자연과 신 없이는 살 수 있어도
사회와 국가 없이는 살아갈 수 없는
인위 단체 속의 한 부분으로 되어갔으며
신은 사회와 국가, 자연을 넘어서
저 건너로 밀려났습니다.

100. 마침내 타락한 종교 내에서
개혁의 불길이 타올랐습니다.
경전의 내용과 경건한 신앙생활에 충실할 것과
성직자들의 부패와 경직된 권위를 고발하는 것이
주 내용이었습니다.

101. 그러나 사람들의 두뇌에 들어앉은 이념은 깊고
종교는 세속의 권력과 제도
일반 생활에 깊이 침투되어 온지라
개혁은 쉽지 않았습니다.
개혁을 원하는 자와 원치 않는 자
원하는 자들 내에서도
교리나 이익을 달리하는 자들끼리
몇 백 년에 걸쳐, 수백만의 목숨을 앗아 가며
피비린내 나는 전쟁을 해야 했습니다.

102. 심지어는, 마녀를 심문한다는 구실아래
죄 없는 사람들을 재판하여
몇 십만 명을 처형하기도 하고
이단이란 이름으로
개혁을 주장하는 몇 만 명의 신자들을
죽이기도 했습니다.
오랜 역사동안 신앙의 이름아래 저질러져 온
이러한 수많은 세력 다툼과 전쟁들
그리고 종파간의 대립과 이단 재판에 의한
학살과 처형들은
인류의 역사에
지우기 힘든 죄악의 업을 남기게 되었습니다.

103. 좋은 무기와 전술의 개발은
나라의 강함과 직결되었습니다.
각 나라들은 앞 다투어
새로운 무기와 전술을 개발해 나갔습니다.

104. 각 나라들은
화폐를 더 많이 찍기 위하여
그리고 권력자와 귀족들은
더 많은 부를 확보하고 치장을 하기 위하여
필요한 것들을 찾아 나섰습니다.
바야흐로 금 은은
탐욕의 중심이 되었고
향료와 비단, 도자기, 후추, 설탕 등 기호품들은
강한 소유욕의 대상이 되었습니다.

105. 이러한 탐욕과 소유욕의 대상들에 대해
나라 안에 부족한 것은
나라 밖에서 찾기 시작했습니다.
그래서 여기저기서
해상의 패권을 잡기 위한 충돌이 발생하고
모험을 걸고, 숱한 목숨을 잃어 가며
바람에 의지하는 돛배에 사람을 싣고
대해를 건너 오지奧地를 탐험하거나
약탈 대상의 대륙 발견에 나섰습니다.

106. 자기들에게 생소한 곳이면 어느 곳이든지
평화롭게 살아가고 있는
그곳의 원주민들은 아랑곳없이
표식을 박아 자기의 땅임을 선언하고
위대한 발견이니, 용기와 모험의 결과니 하며
높이 찬양하며 막대한 상전을 베풀었으며
후속자들이 속속 도착하여

'한손에 총, 한손에 경전'을 들고
원주민을 말살하거나
다른 지역으로 내몰거나, 노예화 한 뒤
물질들을 약탈해 가고 식민화하며
'개화시킨다' '문명화시킨다'는 명분아래
자국의 사람들을 이주시키고
자기들의 문화와 종교를 강요하고
원주민의 언어, 풍습, 종교를 말살 또는 개종시키며
온갖 잔혹한 행위들을 저질렀습니다.

107. 그들은 또한
획득한 식민지에서 특산물을 대량으로 생산하여
자국으로 가져갈 목적으로
노동력 착취를 위한 노예로 삼기 위해
한 대륙으로부터 수천만의 사람들을 폭력적으로 잡아
화물선으로 실어 날라 이주시켰으며
항해 도중
반 이상을 죽게 하고
때로는 총, 면직물, 유리 장식품들과
교환하기도 하였습니다.

이러한 식민지 쟁탈전 중 반대급부로 지도 제작과 항해술이 발전하고, 대륙들을 연결하는 빠른 항로들이 개척되었으며, 지구가 둥글다는 것이 확인되고, 세계가 하나로 통합되어 파악되는 등의 성과를 거두기도 했습니다만, 이들은 꼭 이러한 것들을 대가로 성취되어야 할 것들은 아니었습니다.

108. 오랫동안 교회의 권위에 짓눌리고
물질적 탐욕에 몰입되어있던 지역에서는
잠시 냉정함으로 돌아가
이성理性을 찾고
옛것을 뒤져 좋은 것을 되살리려는
움직임이 일어났습니다.
이성과 인간의 본연의 모습을 되찾고
자연을 사심 없는 눈으로 관찰하고자 하는
문화 과학 운동임과 동시에
고전문화 재생 운동이었습니다.

109. 그러나 인류는
너무 오랫동안 본성에서 멀어져 있었고
너무도 깊숙이까지 마음이 더럽혀졌던지라
인간 본연의 순수함과 깨끗함으로 돌아가기에는
너무 먼 곳에서 변죽만 울리다가
결국 거만해진 주체성만 확인하고
이전의 모습으로 되돌아가고 말았습니다.

110. 조그만 착상과 경험들이
새로운 기술을 만들어 내는데
유효하다는 점에 착안하면서
많은 새로운 기계가 만들어지고
새로운 상품들이 생산되어 나왔으며
전문적인 지식들이 늘어나고
산업이 세분화되고
급증하는 상품의 수요에 따라 큰 공장이 들어서고

큰 상점 거리가 생기고
금융 은행업이 활기를 띄면서
대자본이 형성되어 갔으며
이러한 대자본들이
물질과 노동력, 기술의 흐름을 이끌어가며
자본주의로 무르익어 갔습니다.
또한 이와 더불어
상업과 해외 무역이 크게 발전하면서
부를 축적한 대상인들이
전통적인 통치 권력과 교회의 권위대신
새로운 사회 세력으로 등장하며
시정을 지배해나갔습니다.

111. 자연에 대한 탐구가 본격적으로 일어나
터득되어진 원리들이
기술에 적용되기 시작하였습니다.
현미경이 만들어져
눈으로 보이지 않는 작은 세계와
인간에게 질병을 일으키는 병균의 모양과 활동을
관찰할 수 있게 되었으며
망원경이 만들어져
우주를 멀리까지 내다보고 별자리를 관찰함으로써
지구가 우주의 중심이 아니고
태양 주위를 도는 조그만 혹성에 불과하다는
'지동설'을 확인하게 되었으며
이러한 지동설이
이론과 관측으로 명확히 확인되었음에도 불구하고

성서의 내용에 반反한다는 이유로
반복되는 종교의 재판을 받으며
맹목적 권위 위에 짓눌리는
어처구니없는 일들이 일어나기도 했습니다.

112. 마침내 증기기관이 개발되고
공장과 교통의 동력이 석탄을 연료로 하는
강력으로 바뀌면서
산업에 일대 혁신이 일어났습니다.
공장이 기계화 또는 자동화되면서
수공으로 만들어지던 생필품들이
공장에서 집약적으로 대량 만들어져
생산량이 급증하게 되었으며
강한 동력으로 바뀐 철도 운송수단은
승객과 생산품들을 대량으로
그리고 신속하게 날랐습니다.
원료와 판매시장은
무역과 식민지를 통해 확보했습니다.

113. 이 과정에서 어떤 나라는
식민 국가에 아편을 재배하게 하여
다른 나라에 강제로 팔면서
이를 막는 행정관리와 일어난 충돌을 이유삼아
전쟁을 선포한 후
막강한 화력을 동원하여 승리하여
일부 땅을 임차해내는 일도 벌였습니다.

114. 생산 공장과 교통에서의 혁명
식민지에 의한 원자재 공급원 및 판로 시장의 확보
공장의 대형화에 따른 큰 자본의 축적
농업 발전에 따른 풍부한 잉여 노동력의 발생
활발한 광물 자원의 개발
과학기술의 발전
해외무역의 발전들이 총체적으로 결합되면서
물질적 풍요와 생활의 편의를
인간 삶의 최대 목표로 하는
현대 산업국가의 기틀이 마련되었습니다.

115. 산업은 농업 위주에서 공업 위주로 탈바꿈되고

이는 인간이 제조해내는 공산품의 가격이 자연이 주는 농산물의 가격에 비해 고가를 형성하며 인위적인 인간의 노력이 신과 자연이 주는 가치보다 높게 평가되기 시작했음을 의미합니다

기계는 점점 인간의 노동력과 힘을 대신하여 갔으며
직공과 기술자와 과학자가 새로운 계급으로 부상하고
부가 자본가들에게 더욱 치중되면서
빈부의 차가 벌어지고
부유층에서는 소비와 사치가
성행하게 되었습니다.

116. 농촌으로부터 이주해간 갑작스런 인구의 증가로
도시에는
인구가 조밀해져 빈민가가 생기고
공해와 수질 오염으로 전염병이 만연하고

노동 환경의 열악, 어린이와 부녀자들의 저임금
장시간 노동에 따른 노동문제가
심각한 사회문제로 대두되었으며
큰 공업도시와 상업도시들이 새로이 들어서고
임금 노동과 가사 노동이 분리되어
남성은 가외, 여성은 가사 일을 맡는
사회 관습으로 굳어져가고
가정이 소비의 장과 동시에 쉼터가 되는
새로운 사회 패턴이 나타났으며
나라들은
선진 공업국과 발전도상국으로
구분되어갔습니다.

기계에 일자리를 빼앗기고 사람들이 기계의 노예가 되어가는 것을 보면서 기계 파괴운동이 일어나기도 했으나 시대의 흐름상에는 큰 영향을 주지 못하였습니다.

117. 사람들은 이제 더욱
힘 대신 머리 위주로 경쟁하며 살게 되었습니다.
지혜와 기술이
반복적이거나 큰 힘을 요구하거나
작업환경이나 시간의 제약을 받지 않고 일할 수 있는
기계의 발명은 물론
새로운 부가가치 상품들을 만들어 내게 함으로서
단순한 육체적인 힘, 물리력보다 우수하다는 것을
확인했기 때문입니다.

118. 생활은 더욱 여유가 생기면서
이런저런 새로운 운동 경기와 오락들이 발생하고
유통수단으로 지폐가 대량으로 찍히면서
물품 거래의 중개역할을 해나갔습니다.
돈이 모든 가치의 척도가 되며
돈을 많이 가진 자가 사회적 권력을 얻게 되고
이 세상의 어느 것도
돈으로 살 수 없는 것이 없다는 인식이
사람들의 뇌에 심어져 갔습니다.

119. 게으름과 실업이 사회현상화되고
잘살고 못사는 지역이 구분되며
사람들은 새로운 기술을 배워
새 직업을 잡기 위해 동분서주했습니다.
이에 따라 일반인들에게는
요령과 꾀가 더욱 창발하고
거짓과 사기, 도둑과 폭력이 성행하면서
범죄들이 점점 더 치밀화, 집단화, 대형화되어 갔으며
이들을 다스리기 위한 법과 치안이
강화되어 갔습니다.

120. 도시는 공장, 상업, 주거지역으로 구분되고
공장에서 돌아가는 우렁찬 기계 소리와
굴뚝이 뿜어내는 검은 연기는
산업 현장의 활기참과 함께
나라의 부의 성장을 상징하게 되었으며
공장 노동자들의 철모와 유니폼은

나라의 부강을 이끄는 산업 전사들을 상징하였습니다.

121. 그러나 이처럼 산업이 활성화될수록
자연은
공장과 차량들에서 나오는 산업 쓰레기들
매연과 오수로 오염되고
병들고 썩어가기 시작했습니다.
그러나 사람들은
이러한 자연의 파괴나 신음에는 아랑곳없이
물리적 풍족함을 위하여 오직
물질 선점에서의 승리
더 많이 가공 생산하여 판매 수출하는 일에
삶의 목표를 두어갔습니다.

자연이 병들고 인간 위주의 삶이 인간을 자연으로부터 격리시키고 인간이 계속하여 거칠어지고 사회가 삭막해지는 것을 보면서, 한편에서는 자연으로 돌아가자는 운동이 일어나기도 했으나, 시대의 흐름에 큰 영향을 주지는 못했습니다.

122. 이러는 과정에
신의 존재와 능력에 대해서
반신반의 하거나 믿지 않는 자가 늘어나고
'모든 것은 스스로의 능력과 노력에 달려있다'
'인간의 이성(또는 마음)이 곧 신이다 '
'인간의 문제는 인간 스스로 해결한다'
'우주와 자연과 만물의 주인은 인간이다' 라고 생각하며
어떠한 자는

신은 죽었다고 까지 선언하기에 이르렀습니다.
그래도 믿는 자는
'신은 분명히 존재한다'
'그는 내 편이고 나를 항상 돌보고 있다'
'그는 멀리에 있어 보이지 않지만
간절히 기도하면 무엇이든 들어 준다'며
일상생활은 평상대로 하되
저녁이나 일요일에는 교회에 나가
탁해지고 허한 마음을 달래거나
잘못된 것을 고백하고 원하는 것을 비는
이중적인 생활을 했습니다.

123. 신의 존재에 대하여 점점 더
반신반의하는 자, 믿지 않는 자
관심이 없는 자들의 수가 많아지면서
종교는
가치는 인정되나 신용은 의심받아가고 있었으며
객客인 물질이 주인인 정신을 대신하고
외부적인 허상들이 내부를 채움으로써 갖는
불안한 마음을 달래기 위한 관습 치레 정도의
역할을 해가고 있었으며
신의 자리엔
과학과 오만해진 이성이 대신
들어앉고 있었습니다.
바야흐로 인류의 문명이
눈에 보이는 것과 현실만을 추구하고 정신을 멀리하는
본격적인 과학 물질의 시대로

접어들고 있었던 것입니다.

124. 필요하다면 선점 선취하고
늦은 경우
남을 공격하여 죽이면서까지
남의 것을 내 것으로 만드는 일이 일반화되는
삭막한 사회로 변해갔습니다.
'만인의 만인에 대한 투쟁'과
'만인의 만인에 대한 이리'가 보편화되고
강도와 살인이 빈번해진
무한 투쟁의 시대
약육강식의 시대로 접어들어 갔습니다.

125. 각 나라들은
물질적 풍요를 위해
한편으로는 국내에서는 모든 역량을 동원하여
산업 부흥을 추구하면서
다른 편으로는 부족한 것을 밖에서 구하기 위하여
내부를 단단히 뭉치게 하고
강력한 군대와 대포, 전술을 개발하여 갔습니다.

126. 물리적인 힘, 즉 에너지는
뭉치면 뭉칠수록 흡인력이 커지고
폭발하려는 경향 또한 커지는 법이며
정신, 즉 합리적인 이성이 이를 제어하지 못하면
사람은 물질에 의하여 조종되고 휘둘리는 법이었으니
이미 조용한 대륙들의 대부분을 식민지화했던

물리적 강국들은
산업 혁명에 따라
더욱 풍요해진 상품과 물리적 힘에 충동되어
식민지를 추가 확보하고
취약한 식민 지역을 분할해가기 위한 쟁탈의 광란에
재차 휘말려 들어갔습니다.
보다 노골적인 식민지 확보 경쟁과 제국주의 시대가
개막되게 된 것입니다.

127. 물리적 강국들은
이런저런 명분으로 합종연횡하며
아군과 적군으로 나뉘어
물질과 물리적 이익이 있는 곳이면
어느 곳이든 대상으로 삼으며

뒤로는 상호간에 온갖 방법의 탐정과 비밀외교를 펼치면서 그리고 약소국에 대해서는 마치 사자 떼가 연약한 사슴 무리를 몰듯이 하면서

쑤셔대고 점령하고 약탈해가는 식민지 쟁탈전과
패거리 힘겨루기를
두 차례나 연이어 벌인 것입니다.

128. 첫 번째의 패거리 싸움은
강대국이라는 나라 30여국이 참여하여
4년을 넘기고
3천억 달러 이상의 비용을 소모하면서
근대 병기들을 총동원하여

육해공 입체전을 벌인 것이며
3천만명 이상의 희생자를 낸 뒤
도발국 측의 패배로 끝이 났습니다.

129. 첫 번째 싸움이 끝난 뒤
세계 곳곳에서
식민 지배하에 있던 나라들이
독립 운동을 벌이고
핏줄을 중심으로 민족국가를 세웠으며
전쟁에서 승리했던 나라들이 중심이 되어
범세계적인 평화 동맹을 결성하고
군축조약을 체결하고
전쟁 도발국에 대하여 강력한 배상 책임을 묻는 등
평화를 위한 노력들이 추진되었으나
원인에 대한 충분한 규명과
재발을 방지하기 위한
근본적인 방책을 세우지 못한 탓에
평화는 오래 지속되지 못했습니다.

130. 어느 지역에서는 이를 기회삼아
같은 언어를 사용함을 내세워
인접국들을 통합하여 대제국을 건설하려는
속셈을 드러내기도 했으며
타민족에 대하여 선민성을 주장하면서
이민족을 학대하거나
지하실에서 가스를 이용하여 집단 학살하는
잔혹한 행위도 저질렀습니다.

131. 불균형적이면서도 가속적으로 변해가는
세계의 경제 체제 속에서
돌연하게 발생한 경제 공항은
파시스트들에게 또 다시
세계적인 전쟁을 일으킬
동기를 부여해 주었습니다.

132. 파시스트들은
경제 공항을 돌파해나갈 구실로
내부를 민족의 기치아래 단단히 뭉치게 하고
밖으로 전쟁을 일으켰습니다.
또 다시
세계 물리 강국들이 두 패로 나뉘어
6년간의 싸움을 했습니다.
항공모함, 대형 폭격기 등
더욱 강력해진 화력과 병기들이 총동원되어
맹렬한 육해공 입체전을 전개했으며
5천만명이 넘는 희생자와
수천억 달러에 달하는 재산 피해액을 내고
재차 전쟁 도발국 측의 패배로 끝이 났습니다.

133. 인류 역사 이래
최대의 과학적 발견이라고 하는 한 물리 법칙이
사막의 지하 벙커에 집결된
세계 유수 과학자들의 머리를 통하여
핵폭탄으로 변하여
두 도시를 참혹한 폐허로 만들었으며

수만 명의 희생자와
수십만에 달하는
불치-유전되는 원폭 부상자들을 낳으며
인간의 거만하고 무모한 불장난들의 모습을
버섯 모양으로 보여주며
전쟁을 마치게 했습니다.

134. 전쟁 중에는
이국의 먼 전선에까지
나이어린 소년 소녀들과 노인들이
노역을 위해 징병되어왔으며
수많은 젊은 여성들이
전쟁 중인 병사들의 성욕을 채워주기 위한
도구로 끌려와
인간으로써는 도저히 감당하기 비참한 생활을
강요당해야만 했습니다.

135. 두 차례의 세계 대전이 인류에게 남긴
후유증과 교훈은 컸습니다.
자연의 내부에는
눈에 보이지 않을 정도의 작은 세계에도
무서운 힘이 숨어있다는 것을 확인할 수 있었고
인간은
이 엄청난 위력의 폭탄을
자신의 머리로 개발했다며
아직도 자랑스러워하고 뿌듯해하고 있습니다만
같은 인간들을 죽이는데 서슴없이 이용하는

무지 몽매하고 도저히 종잡을 수 없는
무모한 존재들이라는 것을 확인할 수 있었고
교통과 통신, 무역이
전 세계를 하나로 유통시키고 있음에
전쟁규모 역시 세계적으로 대규모화되고
과학 기술이 발전함에 따라
인류에게 주는 이익 이상으로
서로를 죽이는 무기의 발전도 커진다는 것을
확인할 수가 있었습니다.
또한 세계는 이제
좀 더 강한 핵탄 몇 개면
전 지구를 초토화시키고 인류를 전멸시킬 수 있음을
확인하였습니다.

136. 아직도
그 때 죽어간 사람의 영혼들이
우리의 주위를 맴돌고 있으며
그 때 부상당한 피해자와
그들로부터 유전자를 받아 태어난 후손들이
인간의 무모함 앞에 할 말을 찾지 못하고 있으며
그 때 강제로 끌려가 비참한 생활을 했던
강제 노역자나 여인들은
동물만도 못한 인간의 무모 무지함에
치를 떨고 있습니다.

137. 두 번의 대전을 치른 후
여러 식민지 나라들이 해방되고

세계 평화기구가 만들어지고
새로운 세계 대전의 위험스러움과
핵의 위력에
강대국 간의 직접적인 전쟁은 억제되어 왔습니다만
소국들 간의 국지전이나 강대국들의 대리전은
계속되어왔고
보다 발전된 핵폭탄은
계속하여 만들어지면서
지하에 축적되어오고 있습니다.

138. 지구의 한편에서는
산업혁명을 기점으로 발생한
사회의 급격한 빈부 격차와
유산계급이 갖는 특권에 대한
자본주의 단점들을 해결하려는 시도로
노동자, 농민이 중심이 되어
공동 생산, 공동 분배라는 평등의 이상을 내세우며
사회주의와 공산주의가 일어났습니다.
그들은
가혹한 혁명과 내란을 거치며
물리세계에 적용되는 엄격한 과학 법칙들을
정신을 겸해 가지고 있는 인간의 세계에 적용하려
무리한 실험들을 하였으며
철의 장막을 친 폐쇄된 체제하에서
인간의 존엄성과 자유, 개성을 무시하고
종교를 아편과 독소로 적대시하며
사회 전체의 효율성과 피상적 평등에만 집착한 체

통제정치를 행했습니다.

139. 그런가 하면
보다 일찍부터 발생하여 발전해온
자본주의 세계에서는
공산주의가 갖는 단점들이 약하기는 했으나
지나친 물질 숭배와 부富 소유가 추구되면서
빈부 격차와 물질적 타락이
심각한 문제로 대두되었으며
개인주의와 이기주의가 지나치게 발전하여
사회에 갈등들을 만연시켰습니다.

140. 세계는
자본주의 체제와 공산주의 체제
–또는 민주주의 체제와 통제주의 체제–
로 양분되어 대립하면서
심한 냉전을 겪었습니다.
이곳저곳에
이데올로기에 따른
분쟁지역과 분단국이 발생하였습니다.
이 때 일어난 국지전들은 대부분
지리적으로
양 진영의 중간 위치에 있는 약소국들에서 일어난
이데올로기 전쟁으로써
양 진영 강대국들의 대리전 성격을 띠었으며
일부 나라에서는
같은 민족끼리 다른 이념으로 나뉘어

수십만 수백만이 죽어가며 싸워야 했으며
분쟁지역은
과학과 기술의 발전에 따라 새로이 개발되어 나오는
무기와 전술의 실험장이 되기도 하고
강대국의 부와 힘들이 충돌하는
상쟁의 장이 되기도 하였습니다.

141. 공산주의와 독재주의는
지구 곳곳에서 몇 십 년씩 지속되면서
자본주의와 민주주의보다
더 많은 단점을 가진 제도임을 확인한 체
자본적 민주주의에 일부의 유산들을 넘겨주고
민족과 종교 문제가 같이 얽혀있는
이데올로기 분쟁지역들을 남으며
서서히 스스로 막을 내려갔으며

인류는
오늘에 이르게 되었습니다.

142. 인류 역사의 종합적 평가와 회개

i. <u>그동안 인류가 겪어온, 정신적인 부정적인 것들 :</u> 인류는 그동안 무지로 인하여, 너무도 많이 싸우고 갈등하고 두려움과 공포에 떨고, 허둥대며 방황했습니다.

원죄설을 믿고 종말론을 받아들이며, 당황하고 스스로 비천 비참해지기도 했으며, 기적을 바라거나 미신과 마력에 혼란을 겪기도 했으며, 천당과 지옥, 심판론으로 위축되고 위협감에 떨기도 했으며, 무상無常, 무아론無我論을 잘못 해석하여, 기피적 초연이나 불가지론이나 맹목적 신비주의 또는 깊은 허무虛無, 회의懷疑주의에 빠지기도 했으며. 또한 지나치게 부활론과 환생설을 믿어, 막연한 기대와 많은 것을 내세로 미루는 잘못도 저질렀습니다.

그리고 때로는 이성의 과신과 지구상에서 가장 영특하다는 자만심으로 의기충천해하고 교만해지기도 했으며, 때로는 의기소침으로 좌절과 슬픔에 젖기도 했습니다.

욕심을 무제한으로 키워오면서, 천성으로 주어졌던 깨끗하고 순수했던 인성人性을 계속하여 더럽히고 왜곡시켜 왔으며, 너무도 많은 구분과 경계를 만들며, 에고와 아집, 독단들로 뭉치게 하고, 서로 시기, 질투, 배타, 증오하면서, 갈등하고 싸우고 서로들을 죽이기도 했습니다.

계속하여 커지면서 견고해져간 욕심은, 인간을 깊고 깊은 욕망의 어둠 속으로 빠져들게 하였고, 오직 눈앞에 보이는 것, 현실적인 것, 육체적인 것, 물질적인 것만 추구하게 하면서, 몹시 모험적이고 공격적이며 잔학 잔인해지게 했습니다.

인간은, 신이 특별히 창조한 존재로써, 신과 직접 교류할 수도 있고, 기도하면 어김없이 들어준다고 생각하며, 맹목적으로 믿거나 이기적으로 추앙하였으며, 커져간 오만에 이성과 능력, 주체성이 커갈수록, 신은 더욱 반신반의되거나 무시되기도 했습니다.

아직도 인류는, 인생의 진정한 의미, 신의 존재와 역할, 내세와 영혼에 대하여 정확하게 파악하지 못한 체, 눈앞에 펼쳐지는 물질주의가 주는 어둡고 혼란스러운 삶속에 갇혀, 방황하고 있습니다.

ii. <u>그동안 인류가 겪어온, 현실적으로 부정적인 것들 :</u> 인류가 개발해 온 무기와 전투기술은, 생활의 편익보다 앞서 발전해왔습니다. 지금까지 만들어 저장해 놓은 원자핵과 화학무기들은, 인류와 지구를 몇 번 전멸 파괴시키고도 남을 양입니다.

사람들은 물질을 대량으로 생산하고 대량으로 소비하는 생활의 패턴 속에 잠겨 살아가고 있습니다. 물질과 에너지를 소비하는 일에, 최대의 쾌감을 느끼며 가장 큰 삶의 보람을 두고 있습니다. 그토록 많은 물질을 소유하고 사용하면서도, "물질은 많으면 많을수록 좋다" 는 허기증에 빠져, 무한의 욕구를 유한의 물질로 충족시키려 안간 힘을 쓰고 있습니다. 그러면서 만들어지는 빈부의 차와 충돌은, 엄청난 갈등과 투쟁을 낳게 하고 있습니다.

자연의 순환 속도보다 더 빠른 속도로 소모되는 에너지는, 인류에게 유용한 에너지가 언제 부족할지 모르는 상황에 처하게 하고 있으며, 대량의 에너지 소모는 자연을 오염시키고 병들게 하면서 그 순환에 큰 변화를 일으켜, 장래 인류에게 어떠한 재앙을 몰고 올지 모르는 상황에 처하게 하고 있으며, 그럼에도 각국은 에너지를 보다 더 많이 선점하기 위하여, 끊임없는 암투와 전쟁들을 벌이고 있습니다.

계속되어지는 질병에 대한 강력한 처방과 자연 환경에의 살충제 사용은, 인류에게, 면역성에 의해서 길러지는 예기치 않는 새로운 질병들을 가져다줄지 모르는 상황을 만들어내고 있습니다.
그동안 물질에 대한 이해는 어느 정도 진전되었으나, 이를 제어할 정신은 4대 성인 후 차라리 퇴보하고 타락해오고 있습니다.

종교인, 지식인들은 정치권력, 경제권력, 대중권력에, 신과 양심, 머리를 팔고, 아부 기생하면서, 물질적 풍요와 호화로움을 즐기고 있습니다.

따라서 사람들은 지구위의 모든 것을 지배하는 듯하면서도 차라리, 물질 속에 함몰되어 정신을 차리지 못한 체, 인간의 본성과 자아를 잃고 휘둘리며, 굴러가는 세태 속에 몸을 맡긴 체, 무능함만을 느끼며, 정신과 육체가 별도로 동작하는 이중적 가치관에 의해, 혼란을 겪고 있습니다.

대중들은 멀리 보지 못하고 오늘에만 급급하며, 물질과 육체적인 생활을 위주로 하면서, 당장 잘 먹고 잘 입고 잘 살며, 건강에나 신경 쓰는 육체적 쾌락, 성적 쾌락에 깊이 몰두되어 가고 있습니다.

인간은 기계에 일을 빼앗긴 체 그들의 노예가 되어가고 있으며, 운동의 부족, 비만, 여가 활용에의 부적응에 시달리고 있으며, 인터넷과 컴퓨터가 주는 너무 많은 정보의 홍수 속에 파묻혀가고 있습니다.

교통과 통신의 발달은, 여타 기술들의 발달과 생활환경의 변화를 가속화시키면서, 누구도 쉽게 정신을 차리지 못하게 하고, 새로운 환경에 적응해갈 수 없게 만들어가고 있습니다. 누구에게도, 전체를 볼 능력이나 시간이 주어지지 않게 하고 있습니다.
참다운 지혜 대신에, 끊임없이 급속도로 부딪쳐오는 앞일들을 해결해나가기 위해, 기술과 기교, 잡다한 지식들을 쉴 사이 없이 동원해야 하는 상황에 있습니다.

앞으로는 머지않아, 전 세계적으로 가장 우수한 제품만이 살아남으며, 인구의 10%가 나머지 90%를 먹여 살려야 하는 상황이 올 것입니다.

지나치게 강하게 조직된 인위적인 사회는, 숨 막힐 정도의 속박을 인간들에게 강요해오고 있으며, 자연과의 괴리로부터 발생할 문명의 진보와 자연 순환의 정지가, 언제 어떠한 모습으로 인류 앞에 나타날지 모르는 상황에 있습니다.

문명과 이념, 종교, 민족, 국가, 지역, 세대, 성별, 빈부의 차이에서 오는 갈등과 이에 따른 피로감은, 인간을 지치게 하고 있습니다.

iii. <u>그동안 역사에서 배워 온, 정신적인 긍정적인 것들 :</u> 인류는 그동안 숱한 실수와 오류를 치른 대가로, 얼마의 자각과 다소 보편적이고 긍정적인 가치들을 자산으로 얻게 되었습니다.

세계는 하나이고, 신도 하나이며, 우주는 크고 깊고 오묘하며, 인간은, 이웃은 물론 환경과 함께 존재해가는 것이지, 결코 독존해나갈 수 없다는 것

지금까지 무지 몽매, 과욕, 자만에 의하여 너무도 많은 전쟁과 살상, 파괴를 해왔으나, 이러한 것들은 모든 존재들에게 피해만 줄 뿐 누구도 이롭지 않게 하며, 앞으로 핵전쟁이 일어나면 전 인류와 더불어 모든 생물, 환경까지도 말살 파괴시키고 말 것이라는 것

무제한의 물질과 에너지의 사용은, 공해와 오수에 의한 환경의 오염과 파괴를 낳으며, 이는 자연의 순환을 크게 변화시켜 인류에게 큰 재앙을 가져올 수도 있다는 것, 그리고 지금도 이미 그러한 심각한 상태에 가까이 와 있다는 것

물질은 인간에게 기본적으로 필요할 뿐이지, 인간을 궁극적으로 만족시켜 주지 못할 것이라는 것

이제는 인간의 위치를 어느 정도 알게 되었고, 인간의 능력과 자유, 책임의 한계를 어느 정도 파악하게 되었으며, 따라서 무엇을 해야 하고 무엇은 해서는 안 되는지 어림짐작은 할 수 있게 되었다는 것

인류의 평화는 공동으로 만들어 가는 것이며, 어느 한편이 어려움과 고통을 겪으면 다른 편도 같이 슬픔을 느끼고 불행해질 수 있다는 것

그래서 이제는 어떻게 하면 서로 화합 조화되며 평화롭게 살아갈 수 있는지, 조금은 알게 되었다는 것

iv. <u>그동안 인류가 키워 온, 현실적으로 긍정적인 것들 :</u> 이젠 인간에게 있어서 기본적인 의식주는, 어느 정도 해결되게 되었습니다.

옷은 필요함에서 실용적인 것을 넘어 아름다움을 추구하고, 먹는 것은 영양분을 공급하는 것에서 맛있는 것을 넘어 기호로써 즐기며, 머무르는 곳은 몸을 보호하는 곳에서 장식과 치장을 건너 쉬면

서, 오락 취미를 즐기는 곳으로 변하고 있습니다.

지금까지의 노력들을 지속하고 곳곳에 불평이 없도록 나누기만 잘하면, 어느 누구도 헐벗거나 굶거나 잠잘 곳이 없어 어려움을 겪는 일은 없게 되고 있습니다.

인간은 그동안 수많은 실수들을 거치며, 우주에서의 스스로의 위치를 인식하고 주체적으로 살아가는 방법을 터득해 왔습니다.

아직도 큰 재해와 질병은 막을 수 없습니다만, 자연에 대한 공포나 미신으로부터의 공포는 어느 정도 해결되어 왔으며, 대부분의 질병은 스스로 고치고 수명도 상당히 연장시켜 왔습니다.

어렵고 복잡한 일은 기계와 컴퓨터를 대신시킴으로써 편리한 생활을 할 수 있게 되었고, 교통과 통신, 방송, 인터넷은, 멀리 떨어진 외진 곳까지도 가까운 이웃으로 묶으며, 시공간을 좁혀 가고 있습니다.

그동안 엄청난 죽음과 피땀을 대가로 하여 권력으로부터 얻어낸 인간의 존엄과 자유, 평등의 가치관은 -아직은 지역에 따라 많은 차이가 나고 가장 상태가 좋은 곳도 이상적인 수준이나 안정된 상태에 이르지는 못하고 있지만- 인간이 지켜야 할 가장 귀중한 자산이며, 누구도 이들을 억누를 수는 없다는 것을 인정하게 되었으며

국민이 국가의 주인이 되고 선출된 국정 담당자는 국민을 위해 봉사하는 체제가 어느 정도 완성되어가고 있습니다. 문제는 그러한 국정담당자들이 정보의 독점과 여론 조작을 통하여 권력을 농단

하거나, 경제 활동 집단들과 손잡고 이권에 개입 또는 개인적 이익을 추구하거나, 종교나 머리를 파는 자들과 손잡고 이데올로기를 조장하여 권력을 사유화하거나, 국민을 위한다는 명분으로 선동 단결하게 하여 다른 나라와 갈등이나 전쟁을 일으키는 일이며, 여론 주도층, 지식인들마저 국가 우선주의, 민족 우선주의에 빠져 세계 인류적인 양심과는 관계없이 개인적인 영달을 추구하는 일이 될 것입니다.

인간은 이제 의식주 문제보다는 건강과 편의, 장수, 취미, 오락, 스포츠, 여행 등 여가와 레저에 더욱 관심을 가질 정도가 되었습니다.

v. 현 지구위의 인류의 전체적인 모습 : 자 이제 저 멀리 상공으로 올라가, 지구 전체의 모습을 내려다보도록 하십시다.

각 나라의 국제공항에서는 몇 분마다 비행기가 뜹니다. 항구들에서는 배가 수시로 출항합니다. 하늘로, 바다로 다양한 색깔의 얼굴들이 부지런히 오가고 있으며, 물자들이 쉴 사이 없이 교류되고 있습니다.

하늘 높은 곳에는 위성들이 안테나를 넓게 펼치고 떠 있습니다. 바다 깊은 곳에는 동축선, 광케이블들이 이리저리 얽혀 있습니다. 육지의 각 도시들 사이에는 철도와 도로와 통신선들이 거미줄처럼 엮여 있습니다. 그들을 통하여 자동차와 기차, 인터넷, TV, 전화, 신문 정보들이 쉴 사이 없이 교류되고 있습니다. 그들은 인류가 생활을 영위해가는 핏줄이고 세계를 하나로 묶는 신경망입니다. 그들은 내 가족을 세계 방방곡곡의 어느 가족에게나 몇 초 내에 연결시켜줍니다.

지구는 이제 더 이상 인간의 발이 닿지 않은 곳이 없고, 한 무역권, 하루의 생활권에서 벗어나 있는 곳이 없으며, 어느 외진 곳의 정보도 몇 분이면 세계의 모든 다른 곳에 전달되며, 어떠한 사람의 언어나 행위도 몇 분 내에 세계 다른 사람들에게 영향을 미칩니다.

그러나 다른 측면이 있습니다.

저 위 상공을 떠돌고 있는 수많은 위성들은 아래에 있는 무엇인가를 잔뜩 노려보고 있습니다.

지상의 높은 곳에 있는 레이더들은 곳곳을 꼼꼼히 감시하고 있습니다.

바다 밑에는 핵 잠수함들이 어슬렁거리고 있고, 바다 위에는 항공모함들이 핵폭탄과 전투 폭격기들을 잔뜩 싣고, 위용을 자랑하며 유유히 떠다니고 있습니다.

지하의 벙커들에는 – 전 인류를 몇 번이나 죽이고 지구를 몇 번이나 파괴하고도 남을 – 엄청난 살상력과 파괴력을 가진 수많은 종류의 핵폭탄과 생화학 무기들을 저장하고 있으면서, 그 중 일부를 장착한 미사일들이 버튼만 누르기를 기다리고 있습니다. 오해나 실수로 한번 잘못 눌린 버튼은, 전 세계를 삽시간에 죽음의 재로 변하게 하고 말 것입니다.

vi. 인류의 미래에 대한 간단한 예측 : 이제 가까운 장래에 인류 앞에 전개될 세계를 조금만 내다봅시다.

면역성이 강화된 새로운 질병들이 계속하여 나타나기도 하겠지만, 대부분의 질병들은 인간의 의료기술에 장악되면서, 수명은 무척 길게 연장될 것이며, 일부 인간은 체외 수정에 의하여 지능이 높거나, 외모가 아름답거나 질병에 강한 체질로 태어날 것입니다.

활동에 필요한 에너지는, 고도의 영양분만을 모아놓은 튜브를 짜먹거나 물리 에너지로부터 직접 취할 수 있을 것입니다.

비행기와 철도는 현재보다 몇 배 이상 빨라져 지구상의 어느 곳에도 대여섯 시간이면 도착할 수 있고, 아침에 집을 나서 일을 처리하고 저녁에 돌아 올 수 있어 지구상이 단일 생활권이 될 것입니다.

사람들은 컴퓨터 기능의 옷과 모자를 입고, 집안에 통신망과 가상공간을 갖추고 있으면서, 순수 인간보다 수백만 배 강화된 감각, 기억, 처리 능력을 보유하고 세계 어느 곳과도 실시간으로 정보와 뉴스를 교환하고 원격 업무를 처리할 수 있을 것이며, 원하는 게임과 놀이들을 즐길 수 있을 것입니다.

위성을 타고 달에 가서 축구를 하고 돌아오거나 우주의 혹성들을 지나며 망원경 관찰도 하고 사진도 찍으며, 우주 공간에 지어진 집에서 얼마동안 쉬고 올 수도 있을 것이며, 주행 속도를 최대 광속까지 주밍(zooming)하면서 삶의 실질적 시간을 늘리는 것도 가능할 것이며, 바다 속에 휴식처나 관광지를 개발해놓고 수시 드나들며 즐길 수 있을 것입니다.

반면에
로봇이 전투를 하고, 인공위성에서의 감시와 원격 제어를 통하여 적의 수 센티미터 범위 내에 폭탄을 투하하고, 레이저나 강력한 전파 에너지를 이용하여 누구도 모르게 원하는 자를 죽일 수도 있을 것이며, 적의 삶의 공간을 수습할 수 없는 혼란의 장으로 만들 수도 있을 것입니다.

인간의 무한적인 욕심과 악한 마음과 기상천외한 무기들은 상대방을 원하는 어느 때나 공격하여 죽이고 재산을 파괴해버릴 수 있을 것입니다.

인간의 한계를 모르는 욕심과 자만은 인간을 어느 경지에까지 이끌고 갈지 아무도 모릅니다.

vii. 장래의 삶을 위해 인류에게 던지는 질문 : 인류는 지금 어디를 향해 얼마쯤 가고 있을까요.

우주가 신에 의해서 만들어지고 우주 전체가 하나로 순환하고 있다면, 우주에 관련된 신은 오직 하나일 것이고 인류는 한 뿌리에서 나왔을 텐데, 그리고 이 우주의 존재가 의미가 있고, 진실이고, 아름다우며 궁극적으로 선善일 수밖에 없다면, 그 내에 존재하는 인간도 전체와 어울리면서 같이 아름답고, 같이 선하고 같이 즐거워해야 할 수밖에 없는데, 그 동안의 인간의 삶은 왜 그리 힘들고 고통스럽고 죄투성이였으며, 의심과 허무함이었을까요.

어느 동물이 인간처럼 그토록 많은 싸움을 하며 서로를 죽여 왔으며, 서로를 믿지 못하고 갈등, 배타, 증오하면서 많은 무기를 만들어 왔을까요.

어느 생명이 인간처럼 신을 오직 자기들만을 위한 존재라고 우기며 에고, 독단, 이기적으로 이용하고 등에 업고 그토록 전쟁도 서슴없이 해대는 생명이 있을까요.

동물과 생명들과 자연의 신음소리가 들리지 않으며, 인간의 자만과 교만에 의하여 우주 자연 생명들의 조화와 평화가 깨지는 것을 느끼지 못하는가요.

인내하고 있는 신의 소리를 듣지 못하고, 그의 노여움이 폭발 직전에 있음을 느끼지 못하는가요.

무엇이 야만적이고 무엇이 미개한 짓일까요.

누구와 무엇을 위해 만들어가는 물질문명인가요. 인간이 주인인가요, 물질이 주인인가요. 물질의 풍요와 물리적 편리함이 인간이 추구해가는 최종적 가치이고 목표가 될 수 있을까요?

인간은 유한의 물리적 공간, 유한의 물질세계 내에서 무한의 욕구를 무제한으로 만족시켜갈 수 있을까요?

인류는 자연과 격리되어진 인위적인 문명을 무한으로 만들어 갈 수 있을까요?

인간들이 만들어가는 인위적인 이데올로기와 사회 제도들은 진정으로 인류에게 행복을 가져다주는 것들일까요?

혹시, 다른 혹성에 살고 있는 어느 지능체라도 지구 곁을 지나가다 들려, 그동안 지구의 인류는 신을 위해서, 우주를 위해서, 생명과 자신들을 위해서 무엇을 했느냐고 묻는다면, 무어라고 대답할 수 있을까요?

viii. 인류 역사에 대한 종합적 반성

인류가 이 지구상에 나타난 이래
무지함으로 인하여
스스로의 위치를 제대로 알지 못한 체
욕심만이 커가
유한적이고 일시적인 육체와 물질에만 집착하면서
서로 이기고
먼저 그리고 많이 차지하기 위해서
시기 질투하고 싸우며
무수히 죽여 왔으며,
자만 교만으로 가득 차
신을
자기의 이익과 목적을 위해 이용하거나
아예 무시하고
같이 조화되어 살도록 만들어준
환경과 생명들을 무참히 파괴 학대함으로써
스스로의 삶의 터전을 훼손함은 물론
그를 심하게 모욕해왔으며,
때로는 원죄설과 무상無常이론으로

지나치게 위축되거나 허무감에 젖어
인간의 진정한 의미를 잊거나
인간 스스로가 만든 이데올로기와 물질문명의
포로가 되어
어둡고 혼란스러운 삶을 살아왔습니다.
이를 깊이 반성하고 회개합니다.

그것은 인간이 오직
물리적 힘과 물질을 위주로 추구했음 때문이고
육체에 몰두해있음 때문이고
무지와 욕심, 자만심 때문이었을 것입니다.

인류가
인간의 위치를 잘못 알고 있었고
책임과 한계를 잘못 알고 있었고
인생의 목적을 잘못 알고 있었기 때문이었습니다.

기원祈願

인류여

이제 그만 싸우소서.
그동안 싸워왔던 앙금들을 말끔히 지우고
완벽하게 화해하소서.

가지고 있는 무기와 서로를 해치는 모든 것들을
조금의 잔재도 없이 버리고
마음깊이 들어있는 갈등과 배타와 증오를
깨끗이 씻으소서.

우리가 사는 이 우주는
빛이 150억년 걸려서 가야 할 정도로
드넓고 장엄하며
나노미터의 십조배의 십조배 깊도록
심오합니다.

이 우주는
신에 의하여
전체 하나로 항상 새로우면서
온갖 법칙들로 질서정연하게 동작되고 있으며
경이와 신비로움으로 가득 차있습니다.
이러한 우주에 사는

우리 인간은
신과 우주에 뿌리를 두고
조화롭게 태어났으며
근원적으로 참하고 아름답고 선하며
비할 데 없이 귀중한 존재입니다.

우리는 결코
원죄의 비천함이나 무상의 허무함도 아니요
물질에서 만족을 얻으며 육체적으로 살아야 하는
유한하고 고통스러운 존재도 아니며
무한을 향해 끝없이
기쁨과 즐거움을 향유해갈 수 있는
정신적 존재입니다.

우리 인간은 결코
개인이나 인류끼리만 잘 살 수 있는 존재가 아니며
생물과 자연과 우주와 조화되며 살아가야 할 존재이며
지구는 결코
쓰다 못쓰면 버릴 수 있는 곳이 아닌
우리가 영원히 머물며 살아가야 할 보금자리입니다.

인간에게 발생하는 일시적인 불평등과 고뇌 고통은
신이 이 우주를
속속들이 살아있게 하기 위해
질서로서 순환시키고 있는 것임을 이해하고
이제부터는 서로가
평등과 조화를 위하여

욕심을 버리고
인내하며
이성理性과 사랑으로 풀어나가는
지혜를 발휘하소서.

그리하여
유한의 물질을 선취하고 물리적 힘을 앞세우며
투쟁으로 지새우던 과거를 떠나보내고
무한의 정신적 풍요를 한가로이 나누는
평화로운 새 시대를 맞이하소서.

이제는 자만 거만 오만 교만을 모두 거두고
스스로의 위치와 능력과 책임을 정확히 알아
신에 의탁할 것은 의탁하되

무지로 아부 아첨 맹신하지 아니하며
이기주의 하느님
자기편만의 하나님을 만들어
편싸움 하지 말며
조금의 자기기만도 없이
스스로 풀어가야 할 것은
근면과 성실과 보람으로 풀어나가는

그래서
조금의 거짓과 폭력, 터무니없는 기대와 실망도 없는
평온한 삶의 길을 살아가소서.

지상을
천사들이 산다는 천국과도 같이
즐거움과 행복으로 가득 찬 세상으로
만들어가소서.

모두 두 손 함께 모아 합장으로 기원합니다.

새벽이 오는 소리

인류에게는 더 이상 무지에 의한 두려움과 과욕과 자만으로부터 오는 방황과 고뇌와 고통, 폭력과 타락과 좌절의 어둠은 사라지고 모든 것은 참다운 지혜에 의하여 투명해지리라.

힘과 물질, 눈에 보이는 현실만을 추구하는 시대는 곧 고별을 고하리라. 그리고 인간이 진리를 바탕으로 이웃과 다른 생명들과 자연과 우주와 신과 하나로 조화되면서 대대로 이어지는 밝고 평온한 삶 속에서 무한히 정신적 풍요를 누리는 지상천국의 시대가 오리라.

하늘의 소리

인간들이여 과욕을 버려라.
과욕은 너희들을 항상
무거운 짐을 지는 고통과 부패 타락하는 질곡에서
벗어나지 못하게 할 것이다.

인간들이여 겸손하라.
자만 교만은 너희들에게 항상
폭력과 파괴에 의한 재앙과 좌절에서
떠나지 못하게 할 것이다.

인간들이여 원죄와 허무주의에서 벗어나라.
원죄와 허무주의는
너희들을 스스로 취약하게 만들 것이다.

자유는 마음대로 쓰라고 준 것이 아니었다.
생명으로써 살아 있으면서
이성理性과 노력을 바탕으로 무지에서 벗어나
자신의 위치를 정확히 알고 주위와 조화를 이루며
신에게 의탁할 것은 의탁하고
스스로 해결할 것은 성실히 해결하면서
한계와 책임을 느끼며 사용하라고 준 것이다.

신은 죽은 것이 아니었다.
언제나 살아 있었다.
저만치서 너희들을 지켜보고 있었다.

그는 이제
너희들 앞에 나타나려 하고 있다.

너희들에게
무지에 의한 과욕과 자만의 질곡에서 벗어나
밝고 청정한 지혜로 살아나가도록
하늘에서
뜻을 보이며
모습을 드러내려 하고 있다.

인간은 마침내 신을 보기 시작했다

신은 여기저기서 자신을 드러내기 시작했다.
그리고 인간은 신을 보면서
자기의 정확한 위치와 실체를 파악하기 시삭했다.

인간은 이제 본인들이
땅으로부터 나온 것이 아니고
하늘로부터 왔으며
육체를 중심으로 사는 것이 아니고
정신을 중심으로 살아야 할 존재임을 알게 되었으며

천성적으로 깨끗하고 참하고 선한 존재였으나
욕심과 교만을 키워옴으로써
힘들고 고통스러운 질곡에 빠져들었음을 알게 되었으며
그래서 현세의 과정은
더럽혀진 본성을 깨끗이 하고
육체를 줄이고 정신을 늘리어 나가도록 주어진
과정임을 알게 되었다.

과욕과 교만에 빠져 있던
무지와 부끄러움을 깨닫고
만물과 조화되며
지상을 천국으로 만들어가며
삶을 살아가려 하고 있다.

새벽이 비쳐드는 창

뒤죽박죽 혼란 뒤에는
제자리를 찾아가는 적막의 정돈이 있다.

얼어붙은 겨울 뒤에는
지표를 찢고 나오는 생명들이 있다.

한계에 부딪히면
뛰어넘는 초월의 도약이 있다.

유한의 물리적인 시야 너머에는
무한을 향해 질주하는 정신이 있다.

어두운 밤 뒤에는
붉게 솟아오르는 태양이 있다.

새 시대가 오는 소리

쇠 말굽 소리는
간다.
가슴을 울리는
동화同和의 고동이 들려온다.

광음光音의 현란함은

가고

고요하게 속삭이는
마음의 공명이 밀려온다.

유한의 물질을 차지하려고 박 터지게 싸우던 시대는
가고

무한히 나누어도 끝이 없는
정신의 시대가 오고 있다.

새들이 동트는 아침을 노래한다

먼 산에서 소쩍새가
피를 되먹인다.

비비새가
능선을 넘나들며 피리를 불어대고
봉우리의 꾀꼬리가
목청 다듬어 선창을 한 뒤
야산의 꿩이 퍼떡이고
논에서 개구리가 공기를 울려대고
닭장의 닭이 목을 비틀며
문 앞의 개가
고개 들어 목 터지도록 짖어댄다.

숲 속에서 수많은 새가 재잘거리더니
온갖 종류의 새들이 앞 다투어 노래 부르고
소, 돼지가 합세하여 합창을 한다.

먼동이 트고
새로운 해가 붉게 솟아오른다.

인간은 자기의 본질이 정신임을 확신하게 되었다

인간은 지금까지 줄곧
육체를 중심으로 살아왔다.
그래서 물질을 숭상하고 물리적 힘을 앞세웠다.

그러나 이제는
정신이 육체의 주인이고
인간의 본질임을 확신하게 되었다.
인간으로 태어남은
육체보다는 정신을 추구해야 하는 과정임을
믿게 되었다.

물질은 유한이다.
물질은 있는 것 내에서 한정적이며
전체의 양에서 한계적이다.
그래서 물질로는
무한의 욕심을 채울 수가 없다.

먹고 입고 자는 문제는 이제
어느 정도 해결되었다.
다양하게 물리적 편리함을 충족시키는 방법도 이제
대부분 터득되었다.
인류는 역사 내내
이 문제들을 해결하였고
이제는 이들로부터 어느 정도
자유로울 수 있게 되었다.

그리고 인생의 참 목적은
개체적인 정신을 넓혀
전체적인 정신으로 만들어가는 것임을
깨닫게 되었다.

투쟁의 역사는 가고 동락同樂하는 시대가 오고 있다

싸움을 즐기는 자
그는 항상 잠 못 자고 적과 대치할 것이다.

물질에서 만족을 얻으려는 자
그는 영구히 배부름 속에서 굶주릴 것이다.

자기만이 잘 살겠다고 횡포부리는 자
그는 항상 홀로 고독할 것이다.

모두가 함께 더불어 사는 시대가 오고 있다.

유한의 물질을 선점하려던 시대는 가고
나누어도 나누어도 끝이 없는
마음의 시대가 오고 있다.

배타, 갈등의 시대는 가고
조화, 동화同和의 시대가 오고 있다.

쇠 소리 나는 과학 물질문명의 시대는 저만치 가고
마음을 서로 나누며 무한의 정신적 풍요를 누리는
시대가 오고 있다.

지상이 극락의 천국으로 변한다

깨달으면 누구나 보살
보살만이 사는 세상은 극락

자기의 위치를 정확히 알고
받는 것보다 주는 것을 즐겨하면
그들은 모두 천사
천사만이 사는 곳은 어디나 천국

이제 지상은
극락의 천국으로 바뀌어 가고 있다.

인간은 마침내
자신의 실체를 올바로 깨닫기 시작하였다.

그들은
육체가 속하는 물질의 세계는
유한 상대적인 세계이지만
인간의 본질인 정신의 세계는
무한 절대적인 신의 세계로
인간으로 태어남은
육체를 줄이고 정신을 늘려가야 하는 과정임을
확신하기 시작하였다.

그래서 인류는 모두
보살과 천사가 되어가면서
그들이 사는 지상은
극락의 천국으로 변해가고 있다.

Ⅱ

진리의 노래

진리眞理는

1.
진리는
참한 이치입니다.

이런저런 이치 중에서도
현재 우리가 살고 있는 우주에서 실현되고 있는
우리가 살아가는데 알아야 할 이치입니다.

2.
이치에는
이런 저런 이치들이 있습니다.

논리상 맞으나 현실에는 존재하지 않는 이치

자연의 곳곳에 물리적으로 실현되어
자연법칙에 포함되어 있으면서
탐구 관찰하는 자에게 드러나는 이치

변하는 자연에 따라 기존 것을 대체해가며
새로이 실현되어지는 이치

자연에 의해서 실현되고 있지는 않으나

인간이 찾아내어 자연이 주는 재료들을 이용하면서
인위적인 목적을 위해 실현해내는 이치들이
그들입니다.

이들 중 진정으로 참한 이치는
자연에 의해서 실현되고 있는
중간의 두 이치들입니다.

3.
이치는 결코 변하지 않습니다.

이치들은 물리적인 시공간을 초월하여 영구불변하며
생각하는 사람이나 관측자에 따라 달라지지 않습니다.

그들은 신의 내용으로서 항상 옳은 대로 있으며
맞게 이해하는 자, 옳게 관측하는 자에게
항상 그대로를 드러냅니다.

4.
물리세계는
계속하여 변합니다.

그래서 물리세계를 이루는 물질 자체는
이치가 아닙니다.
물질은 오감에 의하여 느껴지면서
실제로 존재하는 듯이 보이나
항상 변하고 있음으로써

있을 수도 있고 없을 수도 있는
임시적이고 2차적인 존재에 해당하며
정해진 기본 성질 외에는 능동성이 없는
불완전한 존재입니다.

5.
물리세계 뒤에는 그것을 있게 하는 보다 근원적인
무형, 무한, 절대적인
신이 있습니다.

영구불변하며 항상 옳은 채로 있는
이치를 내용으로 하는
신이 있습니다.

그래서 신은
무엇보다도 먼저 있으면서
스스로 충족적이고 철저히 자유로우며
완전히 능동적인 존재입니다.

6.
물질을 이루는 에너지는
신으로부터 나옵니다.

신이 활동하면 에너지가 발생하고
그것의 기본 성질인 점성력黏性力이
에너지의 계속적인 발생-소멸과 어울려
여기저기에서 다양한 밀도와 구조로 뭉치고 흩어지며

전체 하나의 우주를 형성하면서
물리세계의 변화를 만들어내게 됩니다.

7.
물질에 나타나는 기본적인 힘들
중력, 전자기력, 핵력, 약력이라고 하는 4대 기본 힘들
그리고 이들과 함께 나타나는 다양한 성질들
모양, 크기, 색, 냄새, 맛, 견고성 등은
에너지와 그 구조들에 의하여 나타나는
물리세계의 형질들입니다.

8.
끊임없는 물리 변화의 현상들을
원인과 결과 사이의 관계로 나타내주는 것이
자연법칙입니다.

자연법칙은
특정 여건상에서의 물리 세계의 변화들을
인과 관계적으로 설명해주는 규칙들입니다.

9.
자연법칙에는
이치가 들어 있습니다.
자연 법칙은 물리세계의 변화에 대한 식이지만
그 속에는 영구히 변하지 않으며
물성적인 것이 전제되지 않는
이치가 포함되어 있습니다.
따라서 자연법칙은

물질을 매개로 한
이치들의 운용이라 말할 수 있습니다.

10
이 우주가 신으로부터 만들어지고 변화되어갈 때는
바탕을 이루는 신의 내용인 이치의 일부와
신의 활동 양상이 그 내에 포함되게 되고

시간이 지남에 따라 그러한 우주 내에
변화를 위한 자유도를 기본으로 하고
진화된 형태인 정신적 활동의 지혜가 합쳐져
국지적 자율성과 능동성을 띤
개체적 생명들이 나타나게 됩니다.

이것이 생명들이 존재해가는 원리가 됩니다.

국지적 자율과 능동성은
신으로부터 얻어지는
정신적 활동에 의하여 발전해갑니다.

11.
인간은
국지적 능동성을 발휘하는 지능체로서
육체는 물질의 부분이고
정신은 신의 부분입니다.

정신은 신을 이해하고

자연을 이해하고 자연 법칙을 이해하면서
지혜를 터득하여 육체를 이끌고 나갑니다.

오감五感(視, 聽, 嗅, 味, 觸)은
물질을 느끼기 위한 것이요
두뇌頭腦는
오감을 해석하고 판단하면서
생각, 기억, 추리, 판단 등
이치에 대한
정신적 지혜 활동을 위한 것입니다.

12.
인간에 있어서의 지혜는
주어진 자유도 내에서 주위와의 조화를 알면서
개체적 책임 하에 사용하도록 되어 있습니다.

여기에 도道가 있고
인仁과 덕德이 있으며
자비와 사랑이 불가분의 것으로 나타나게 됩니다.

13.
정신이 강할수록 신에
육체가 강할수록 물질에 가까운 존재가 됩니다.

인생은
육체를 줄이고 정신을 키워
가능한 한 신에 가까이 가도록 주어진 과정입니다.

따라서 정신이 주인이 되어 육체를 이끌고 가는
중도가 필요합니다.

정신이 육체에 깃드는 형식이므로
인생을 사는 동안 육체적 삶을 피할 수 없기에
자연법칙들은 인간에게 준-진리로 인식됩니다.

14.
인간사人間事에서의
진위眞僞, 선악善惡, 미추美醜, 이해利害, 범죄犯罪들은
지닌 지혜를 바탕으로 자유와 책임사이에 나타나는
이러한 관계들이며

윤리, 법률, 규칙들은
욕구와 자유, 의지를 가진 인간이 집단으로 모여 살면서
서로를 조화시키기 위해서 고안해낸 방편들이며
상대적인 가치들입니다.

15.
결론하건데
이 우주의 모든 것의 시초와 운행은
신으로부터 출발하였으며,
신은 가장 원천적인 자
스스로 충족적인 자
철저하게 자유로운 자
완전히 능동적인 자입니다.

그리고 온전한 진리는
우리가 사는 우주 전체를 포함합니다.
우주, 자연, 생명, 인간과 관련된
모든 이치를 아우릅니다.

이들 전체를 포함하고 그들 모두를 연결하여
하나로 존재해나가게 하는 그 것이 바로
온 진리요, 참 진리입니다.

자기의 위치를 정확히 아는 것은
참-진리, 온-진리를 제대로 아는 것이요
참된 깨달음을 얻는 것이 되며
신에 가까이 가는 길이 됩니다.

참다운 깨달음을 얻으면
의심과 두려움, 과욕과 자만심이 없어지고
고통과 죄에서 벗어나
밝음 속에서 아무런 걸림이 없이
평온하고 평화스런 삶을 살 수 있게 됩니다.

16.
잘 닦여진 흔들리지 않는 거울에
경치가 제대로 비춰들듯이
깨끗하고 고요한 마음에
진리가 제대로 비쳐듭니다.

조금의 욕심도 없는 청결한 마음에
진리는
있는 그대로의 모습을 드러내게 됩니다.

신神 편

신은 살아서 항상 일을 하고 있다

신은 살아있다.
그리고 항상 일을 하고 있다.

우리가 살아있는 것과는 다르지만, 그는
그의 모습으로 살아 있고
그의 방식으로 살아 있다.

우리가 시공간에서 활동하고 있는 것과는 다르지만, 그는
그의 세계, 물질이 아닌 그의 세계에서 활동하고 있다.

우리가 알지는 못하지만, 그는
그의 목적을 위해
그의 뜻을 위해 쉬지 않고 일을 하고 있다.

인간은 그가
어떻게 살아있고 무엇을 위해 활동하며
어떤 일을 하는지 모두를 알 수 없다.

그러나
그는 살아서 항상 활동하며 일을 하고 있다.

그가 이처럼 항상 살아서 일을 하고 있는 것은

이 광대한 우주가 끊임없이 변화하고 있고
그 우주 내에서 만물들이 그로부터 삶의 동기를 얻으며
끊임없이 살아감을 통해서 알 수 있다.

이처럼
우주가 광대한 모습으로 존재하고
항상 새로이 끊임없이 변화하는 것을 보면서
그가 항상 살아서 일을 하고 있음을 알 수 있다.

신은 하나임에도 우주 어디서나 자신을 드러낸다

신은 하나이다.

> 아니 차라리 그는
> 하나 둘, 셀 수 있는 유형의 존재가 아니다.

신이 둘 이상이라면
그들은 유한적인 개체성을 띠면서
그들을 관장하는 신이 그 위에 또 있어야 한다.
그리고 이 우주는
이처럼 전체 하나로 열리어 조화를 이루며
질서정연하게 순환할 수 없다.

신은 무형으로써 물리적 시공간을 초월해 있다.
신은 시공간의 제약을 받지 않으면서
우주의 무엇을 통해서도 자신을 드러낸다.
그래서 신은 여기에도 있고 저기에도 있고
어제도 있었고, 오늘도 있으며, 내일도 있을 것이다.

그러나 그렇게 여기저기 어느 때나 드러나는 신은
신의 전체의 모습은 아니다.
그를 느끼게 하는 극히 일부분들이다.

그래서 신은 언제나 우리와 함께 있되
우주 전체보다 커서 전체를 볼 수 없고

모든 곳에서 일부씩 느끼기에 전체를 알지 못한다.

신은
물리세계를 통해서도, 정신세계를 통해서도
자신을 드러낸다.

그러나 그런 드러냄을 통해서 우리는
그의 모습의 극히 일부씩만을 느낄 뿐이다.

신은 무형이며 영구불변, 무한 절대적인 이치를 내용으로 한다

이치는
무형이면서 영구불변하며
물리적인 사공간의 제약 없이
정상으로 생각하는 사람에게는 누구에게나
항상 옳게 나타난다.

이치는 신의 내용이다.

그리고 진리는 이치 중의 참한 이치이다.
그래서 어떤 사람은 신을 진리라 부르고
또 다른 사람은 진리를 신이라 부른다.

신의 본 세계에는 물질이 없다.
물질이 그로부터 발생되어 나오긴 하지만
물질의 세계는 그가 사는 세계가 아니다.

그의 세계는 무형 무한의 세계이다.
그의 세계는 항상 옳게 존재하는 절대의 세계이다.

그래서 신의 세계에는
어디에도 경계가 없고 어느 것 하나 걸림이 없는
무경계, 무차별의 절대의 세계이다.

신은 스스로 충족스러운 완전한 존재이다

전체는 완전하다.
완전한 전체는 완벽하게 완전하다.
부분은 부족한 만큼 불완전하고
조금의 부족함도 없는 완전한 전체는
완벽하게 완전하다.

신은 태초부터 있었다.
신은 어느 것이 없을 때에도
가장 본원적으로 존재했다.

신은 어느 것에도 의존하지 않으면서
스스로 충족스러운 상태로
스스로 존재했다.

이 우주는 그로부터 나왔으며
또한 다른 여러 우주들도 존재할 것이다.

그는
모든 것들보다 우선하는 1차적 존재자요
우주를 포함한 만유의 시작점이다.

그래서 그는 완전하다.
그는 어느 것 없이도 스스로 존재하고
모든 것의 발생자로서 철저히 완전하다.

신은 철저한 자유이다

신은
그 무엇에도, 어느 누구에게도 구속되지 않는
완전한 자유이다.

그는
어떠한 의무도, 제약도 없이
오직 모든 것의 원초적 시발자로서 자유롭다.

그를 과연 누가
평가, 심판, 간섭할 수 있을 것인가.

그에게는
옳고 그름도, 착함 악함도, 아름다움 추함도 없다.

그는 오직
이 우주에 존재하는 모든 존재물들의
궁극적인 참이고 가치일 뿐이다.

그에게는 오직
근원적 능력과 자유만이 있을 뿐이다.
그에게는
독자적으로 존재할 당연성만 있을 뿐이다.
그는 모든 것에 열려 있으면서

유한하지도 한정적이지도 않다.

그는 조금의 부족함이나 불완전함이 없이
스스로 완전하고 충족스러우며 자유스러운
그러한 존재이다.

신에게는 인간이 모르는 뜻과 의지가 있다

신은 살아있다. 그리고 항상 일을 한다.
무엇인가를 위해서 항상 일을 한다.

그래서 신은 뜻이 있다. 그리고 의지가 있다.

그러나 그것들이 무엇인지
인간은 속속들이 알지 못한다.
그가 어떠한 방법으로 살아있고
어떠한 방법으로 일을 하고 있으며
그의 뜻과 의지가 무엇인지
인간은 모두를 알지 못한다.

인간은
그의 활동의 결과로 나타나는 우주와
그를 접촉하는 정신세계를 통해서
그의 뜻과 의지들을 아주 조금 느끼고 짐작할 뿐이다.

신은 우주 전체를 살아있게 한다

신은 우주 전체 이상의 무엇이다.
우주는 신으로부터 나왔기 때문이다.

신은 살아있다.
이 광대한 우주가 끊임없이 변화하고 있고
전체 하나로 순환하는 것으로 보아 알 수 있다.

그래서 -신이 살아있어-
우주도 살아있고, 자연도 살아있고
만물도 살아있다.

신이 살아있으니 우주 전체가 살아있고
우주 전체가 속속들이 신과 접촉하면서 살아있으니
우주의 각 세부분들도 살아있다.

죽음 속에서는
살아있음이 있을 수 없다.
무한의 신의 세계가
유한의 물리세계의 바탕을 이루며
시공간 제약 없이 아무 곳이나 속속들이 접촉하니
우주 전체가 속속들이 살아있다.

신은 공평하며 개체에 신경 쓰지 않는다

우주 내의 만유가 모두
하나의 신에서 나왔다.

어느 무엇도
다른 신에서 나오지 않았으며
별도의 원천을 갖고 있지 않다.

신은
자기에게서 나온 모든 것을
공평하게 존재해가게 한다.

신은 어느 무엇, 어느 누구를
특별히 위하지 않는다.
개체들에 별도로 신경 쓰지 않는다.

그는 다만 전체와 관련되어 있을 뿐이다.
전체를 세부분까지 철저하게 살아있게 할 뿐이다.

신은 물리적 시공간을 초월해 있다.
신은 이성, 감정, 감각을 가지고 있지 않다.
신은 개체들 낱낱과 교신할 채널을 갖고 있지 않다.

신은 한편에 치우치거나

때때로 이것저것 구분하면서 별도로 위해주기 위해
물리적인 시공간 아래 스스로의 자유를 제약하고
우주의 질서를 바꾸면서까지
개체들에 신경을 쓰는
옹색하고 무능한 존재가 아니다.

신은
전체를 살아있게 하고
세부분들이 적절한 자유도를 가지며 변화할 수 있게 함으로써
개체들이 갖춘 지능과 자유의지와 책임 아래에서
전체 내에서 조화롭게 태어나고 죽으며
살아가게 할 뿐이다.

거짓 없는 경건한 마음으로 신 앞에 서라

교만한 자, 거짓 하는 자
아부 아첨하며 흥정하려는 자

그들은
신이 기도를 들어주지 않는다.
아예 신 앞에 서려 하지 마라.

신은
그들의 마음을 유리알처럼 꿰뚫어 보고 있다.
그들의 얄팍한 요구를 미리 알고 있다.

신을 자기 목적, 자기 이익을 위해 이용하려는 자
그들은 신 앞에 서지 마라.
신은 그들의 기도를 들어주지 않는다.

신은 오직
깨끗하고 경건하고 욕심 없는 마음으로 그의 앞에 서는 자
그들에게만 귀를 기울이며 길을 보여준다.

신을 빗대어 사람들을 혹하게 하고
신을 팔아 이득을 챙기고 자기의 목적을 달성하는 자
그들은 모두 신을 모독한 죄로
가장 엄한 벌을 받을 것이다.

우주宇宙 자연自然편

우주는 신의 활동상이다

이 우주는
신의 활동에 의하여 나타나는 결과물이며
그의 활동상이다.

신이 움직이면 에너지가 나오고
에너지가 뭉치면 물질과 물체가 만들어지며
그 속에 신의 내용인 이치와 활동 양상이 담겨지게 된다.

그래서 이 우주는
신의 활동의 결과물이 되고 그의 활동 양상이 된다.

물리세계는 신의 공간을 바탕으로 하는 에너지의 장場이다

신은 가장 원천적인 자이다.
그래서 무엇보다도 먼저 있었다.

이치는 신의 내용이다.
그래서 이치도 신과 같이
어떠한 물질보다도 먼저 있었다.

그러한 신의 세계인 이치의 바탕 위에
우주와 자연의 물질세계가 생겼다.

이치만 있는 무한한 절대 공간에
에너지가 발생하여
이 에너지가 이렇게 저렇게 뭉치고 흩어지며
유한 상대적인 물리 세계가 만들어진다.

하늘에 수증기가 올라가 서리면
구름 세계가 만들어지고
빈 화선지에 화가가 페인트로 그림을 그리면
집과 산이 나타나듯이

무한 절대의 이치의 신의 공간에
에너지가 발생하고 이들이 뭉치면
유한-상대적인 물질의 세계가 만들어진다.

그래서 모든 물질세계의 바탕은
무한 절대의 신의 공간이 되며
물질세계 속에는 무한 절대적인 이치의 일부가
참한 이치, 즉 진리로서 배어들어가게 된다.

그래서 물리세계는 신의 공간을 바탕으로 하는
에너지의 장場으로서
무한의 공간 속에 유한의 세계를 형성하게 된다.

우주는 하나로 열려 순환하며 어디에도 고립된 곳이 없다

우주는 전체 하나로 열려 에너지로 순환한다.
우주 내 어디에도 고립된 곳이 없다.

모두가 연속적으로 이어져 있어 전체가 하나이다.
그리고 전체는 하나로 열려 순환한다.

거시세계의 큰 혹성으로부터
미시세계의 작은 소립자의 수준까지
에너지를 바탕으로 다양한 물질을 만들어내며
전체적으로 열려 순환한다.

우주 내에 어느 누구도
완전히 고립된 곳을 만들 수 없다.
고립된 곳을 만들려면
에너지로 된 물질의 차단막을 사용해야 하나
이 차단막은 언젠가는 무너져 내릴 것이다.
이는 마치 물속에서 얼음으로 차단막을 만들어
영구적인 고립 영역을 만들려 하는 것과 같다.

이 우주는 고립된 곳이 없이
에너지를 바탕으로 전체가 한 무리로 열려 순환하는
물리세계이다.

우주는 무한 가능성 중의 한 실현이다

현재 우리가 살고 있는 이 우주는
신으로부터 발생할 수 있는 수많은 가능성 중
현재와 같이
실재적으로 현실화되고 있는 하나의 경우이다.

부지기수의 잠재성 중
현재로서 실현되고 있는 하나의 경우이다.

어느 경우와도 다르면서 항상 새로이 변해가는
유일한 하나의 경우이다.

우리가 사는 우주는
유한하면서도 항상 변하며 임시적으로 있다 없다 하는
그래서 유사한 것들이 임의의 복수 개 존재할 수 있으나
정확히는 특별하게 하나인
실질적으로 실현되는 하나의 경우이다.

물질은 에너지의 서림이며, 최저 플랑크 크기로 불연속적이다

물질은 무한의 이치의 공간을 바탕으로 한
에너지의 서림이다.
에너지가 뭉치면
다양한 형태와 성질의 물질과 물체가 만들어진다.

수증기가 서리면 상애나 구름이 되고
물이 얼면 눈이나 얼음이 되듯이
유한의 에너지가 무한한 공간을 바탕으로 해서 뭉치면
다양한 형질의 양자화된 물질이나 물체가 되어 나타난다.

이치로 추상화되어질 수 있는 신의 세계는
1, 2, 3, 4, ……
0.01, 0.001, 0.0001, 0.00001, …… 와 같이
외부로도 무한, 내부로도 무한이다.

그래서 본래의 신의 공간은 내외부로 무한인
아니 차라리
내-외부 구분할 수 없는 무한의 연속적인 세계이다.
그러나 에너지는 유한이다. 전체 양에서 한정적이다.

따라서 유한이 무한 속에 매핑(mapping)되려면
불연속의 양자화 형태로 나타나야 한다.
유한이 무한에 대응되려면

외부적으로는 경계가 있어야 하고
내부적으로는 불연속적으로 양자화되어야 한다.

에너지가 뭉치는 가장 작은 알갱이 크기는
플랑크 크기인 10^{-35}미터이고
이 크기의 변화에 필요한 최저 시간은
플랑크 시간인 10^{-43}초이다.

물질과 물체들은 이 알갱이의 크기가 기본이 되어
여러 단계와 구조를 거쳐 뭉쳐서 나타나는 임의적 구분들이다.
쿼크, 전자, 양성자, 중성자, 원자, 분자, 물질, 물체는
이러한 불연속 형태의 예들이다.

그래서 물질의 세계를
미세한 크기의 안으로나 우주의 밖으로
무한을 향해 나아가면
본래의 바탕을 이루는 무한-절대의
순수한 이치의 세계, 정신세계의 특성을 갖는
신의 세계가 나타난다.

이러한 물리세계의 유한-불연속성은
무한－연속의 신의 세계를 바탕으로 해서
끊임없이 변화해가는 기본이 되며
불완전한 세계로 인식되는 근본 이유가 된다.

물질은 구조에 따라 다양한 형질을 나타낸다

물질은 에너지의 뭉침이다.
에너지가 뭉치면 물질이 되고 물체가 된다.

그래서 에너지는 물질과 물체의 기본이 된다.

물질과 물체는 뭉치는 구조에 따라 다양한 형질을 띤다.
모양, 크기, 색, 냄새, 맛, 강도, 접착력, 온도, 당기는 힘, 미는 힘……,

이러한 여러 가지 성질들은
에너지가 기본의 알갱이로부터 시작하여 수많은 단계를 거치며
다양한 구조를 형성함에 따라 나타나는 형태와 성질들이다.

뭉치는 밀도와 구조에 따라
다양하게 다른 형질들이 나타난다.

에너지의 발생-소멸과 점성력이 물리 변화의 기본이다

물리세계는 계속하여 변한다.
무한 연속의 신의 세계를 바탕으로
유한 불연속의 물질세계는
조금도 쉬지 않고 전체적으로 교류하며 변한다.

이러한 변화의 원인은
에너지가 갖는 점성력과
그로부터 진전되어 만들어지는 4가지 힘들
그리고 계속되는 새로운 에너지의 발생과 소멸에 의한
밀도의 변화이다.

만일 에너지의 계속되는 새로운 발생과 소멸이 없다면
우주의 변화는 언젠가는 멈출 것이다.
왜냐하면 물질 자체는
유한한 능동성만 가지고 있기 때문이다.

에너지의 발생-소멸과
에너지가 갖는 기본 성질인 점성력이
모든 물리 변화의 기본이 된다.

물질의 존재와 변화는 물리적 시공간을 만든다

물질은 현실적으로 존재한다.
오감으로 감지할 수 있도록 존재한다.

물리적 존재는 허공에 배치되면서 물리적 공간을 만든다.
그리고 물리적 변화는 시간 개념을 발생시킨다.

외부적이든 내부적이든
물질에서의 변화는 모두가 공간적 변화이다.

공간적 변화는 시간의 흐름으로 나타난다.
연속적인 변화는 시간의 연속으로 이어진다.

물리적인 변화는 인간으로 하여금 시간을 느끼게 한다.
변화가 없으면 인간은 시간을 느낄 수가 없다.
어떠한 물리적 변화도 없으면 인간은 시간을 측정할 수가 없다.

에너지의 순환에 따라 음양 실허의 시공간이 만들어진다

에너지는 뭉쳤다 흩어졌다 하면서 순환한다.
쿼크 크기의 가장 작은 알갱이로부터 큰 혹성에 이르기까지
여기저기에서 뭉쳤다 흩어졌다하면서 교류 순환한다.
뭉치고 있는 상태의 에너지는
인접 에너지를 끌어들이며
더 큰 밀도, 더 큰 덩치로 커간다.

흩어지고 있는 에너지는
부피를 크게 하고 밀도를 작게 하면서 팽창되어 간다.

에너지는 점성력과 중력을 바탕으로 뭉치고
감당할 수 없을 정도의 밀도로 뭉친 덩이는 폭발한다.

그래서 에너지는 이곳저곳에서
뭉치고 팽창하는 일을 반복한다.

에너지가 흩어져 가고 있는 세계는 양의 실-세계를 이루고
에너지가 뭉쳐가는 세계는 음의 실-세계를 이룬다.

양의 세계에서 음의 세계로 전환 중에 있는 에너지는
양의 허-세계를 이루고
음의 세계에서 양의 세계로 전환 중에 있는 에너지는
음의 허-세계를 이룬다.

그래서 우주 공간은 에너지의 변환 상태에 따라
양의 실, 음의 실, 양의 허, 음의 허-세계로
나누어질 수 있다.

각 공간의 세계에서 일어나고 있는 변화는
대응되는 시간 개념을 만들어내며
따라서 시간에 있어서도 각 공간들에 대응되는
양의 실, 음의 실, 양의 허, 음의 허 세계들이 있게 된다.

우주 공간은 에너지 순환에 따라
양-음, 실-허의 공간과 시간을 만들어내는 것이다.

생명이 사는 공간은 양의 실 영역이다

개체적인 생명들은
에너지의 특정한 물리적 구조를 가지고 있다.
그리고 갖춰진 정신에 의하여 능동성을 발휘하며
자신에 맞는 상태의 에너지를
밖으로부터 얻어 내부에서 소모시키고
찌꺼기를 밖으로 내보내는 교류작용을 통하여
개체성을 유지해간다.

따라서 외부에 적정 상태의 에너지와
적정 구조의 물질을 제공해주는 영역이 있어야
개체성이 유지되어질 수 있다.

에너지를 빼앗아가기만 하거나
자체에 해로운 물질 구조 상태만 있는 영역에서는
개체를 유지해갈 수 없다.
에너지가 뭉치는 상태인 음의 공간에서는
에너지를 얻어 쓰기가 불가능하며
에너지가 흩어지고 있는 공간에 있어서도
개체가 쉽게 활용할 수 있는 구조의 물질 상태에 있어야 한다.

따라서 생명이 살 수 있는 영역은
에너지를 발산시키는 양의 실 공간이면서
적절한 구조의 물질들이 공급되는 공간이어야 한다.

블랙홀이나 암흑 물질 상태가 유지되고 있는 공간에서는 생명이 살아갈 수 없다.

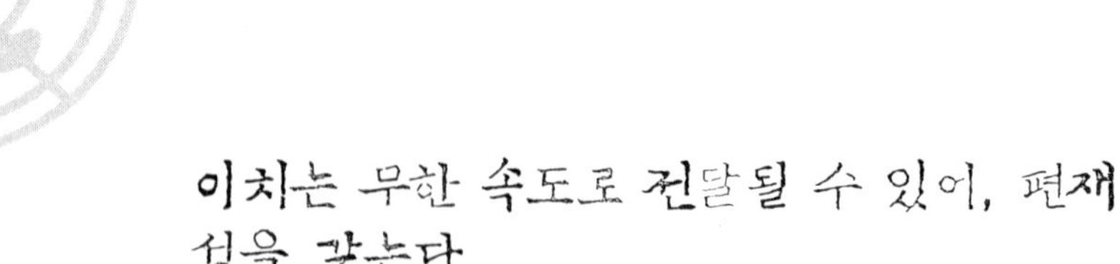

이치는 무한 속도로 전달될 수 있어, 편재성을 갖는다

진성 불리적인 것이 아무 것도 없는 진공眞空
에너지가 있는 물질의 장, 공기가 있는 대기, 물이 있는 수중

우리의 일상생활에서는 로켓이 제일 빠르다.
그러나 우리가 보지 못하는 미시의 물리 세계에서는
빛을 전달하는 광자가 제일 빠르다.
진공을 통해서는 신의 뜻과 정신이 전달되고
에너지 장을 통해서는 빛이 전달되고
대기를 통해서는 소리가 전달되며
수중에서는 수파가 전달된다.

수중에서 전달되는 수파는 물의 영향을 받고
대기에서 전달되는 소리는 공기의 영향을 받고
물리 장에서 전달되는 빛은 에너지의 영향을 받으며
진공에서 전달되는 신의 내용인 이치는
방해물이 전혀없는 무한 절대 공간의 특성을 가진다.

그래서 소리는 초속 340m
빛은 초속 30만Km
진리와 정신은
무한 속도 또는 비-물리적 시간성을 가진다.

정신세계에는 물질이 없다.

그래서 뜻의 전달에 방해가 되는 아무 것도 없다.

그래서 정신세계에서 뜻이 전달되는 속도는
빛보다 빠를 수 있고 무한에 해당한다고 할 수 있다.

아니 차라리 정신세계에서 진리는
물리적 시공간을 초월하여
어느 곳, 어느 시간에나 동시에
옳은 방식으로 존재할 수 있는
편재성을 가진다고 말할 수 있다.

물리세계의 변화는 인과관계의 궤적을 만든다

물리세세의 변화에는 항상 원인이 있다.
원인이 없는 결과는 없다.
특별한 원인에는 특별한 결과가 따른다.
같은 원인에 다른 결과나 다른 원인에 같은 결과는 없다.

원인의 출처는 신일 수도 있고 국지적 지능체일 수도 있고
물리세계 내에 존재하는 힘이나 성질들일 수도 있다.

논리만이 존재하는 정신세계에는 인과관계는 있으나
물리적으로 실현됨이 없어 족적이 없으며 시차가 없다.
그래서 정신세계에는
물리적 시공간이 없는 논리만이 존재한다.

그러나 물리세계에서 일어나는 변화의 원인과 결과는
시간과 더불어 물리적 족적의 사슬을 만들어간다.

물리세계에서의 끊임없는 변화는
인과관계의 흔적의 궤적을 만들어간다.
그래서 이 우주는
인과관계를 이어가며 항상 변하고 있는
현재로부터 과거를 역추적해 갈 수 있는
족적의 사슬이 된다.

자연법칙은 일어나는 물리 현상에 대한 모델링이다

자연법칙이란 현재 일어나고 있는
그리고 장차에도 계속해서 일어날 가능성이 있는
물리 현상에 대한 모델링이다.

자연법칙은 실제의 물리세계에서 일어나고 있는
변화나 운동들을 기준으로 하여
해당하는 특정 조건에서의 인과 관계들을
논리적인 언어나 수식을 통하여
모델링하여 기술記述한 것이다.

자연법칙은 물질을 매개로 해서
이렇게 저렇게 실현되어질 수 있는 물리적 공간에서
실질적으로 일어나고 있는 현실을 중심으로 하여
장차에도 같은 조건이면
항상 똑같은 결과가 일어날 수 있다는 규칙을
모델(model)적으로 설명하는 것이다.

현실은 무한 가능성 중에서 일어나는 한 번의 실현이기에
과거에 전혀 일어나지 않았고
현재에도 전혀 일어나지 않고 있으나
장래에나 일어날 가능성이 있는
인과관계에 해당하는 자연법칙이라면
현재의 정확한 상황과

장래에 대해 얼마의 시간을 허락할 것인지를 전제로
논의되어야 한다.

장래에 영원히 일어나지 않을 인과관계에 대해서는
자연법칙이라 말할 수 없으며
단지 가상 세계에서의 법칙이라 말할 수 있다.

인간은 자연에서는 일어나지 않는
조건과 인과관계를 인위적으로 실현해 낼 수 있을 것이나
이는 자연법칙이라 부를 수 없다.

어떠한 자연법칙도 오차를 포함하며 영구한 것은 없다

인간은 자연법칙을 기술하기 위하여
임의적으로 공간과 시간을 구분하여 설정한다.
개체라 함은 임의의 공간적 구분이다.

그러나 그러한 공간과 시간의 구분은
물리세계가 갖는 최저 플랑크 크기의 불연속성에 의한
한계와 불완전성을 포함하며
인간이 구분 설정하거나 관측하는 오차를 내포한다.

물리적 시공간은 최저 플랑크 크기로
불연속적으로 계속하여 변하고 있으며
인류의 어떠한 최신 기술로도 관측에는 한계가 있다.

인간이 임의로 구분하는
공간과 시간의 크기에 의해서 나타나는
물리세계의 변화와 운동들은
무한 연속의 이상적인 세계에 대하여
이러한 오차들을 포함하는 결과들이다.

그래서 모든 자연법칙은
물리적 상수에서 근본적인 오차를 내포하며
인자들의 실질 측정값에서 항상 오차를 내포한다.
더구나 실질적으로 실현되고 있는 현실은

무한 가지 수 중에서 하나의 경우로
항상 새롭기 때문에
물리적 상수 값과 인자들의 실질 측정치는
항상 변경되고 있을 개연성이 있다.

어떠한 변화나 운동도
유사하게 반복될 뿐이지
무한 이상적으로 동일하게 반복되는
변화나 운동은 없는 것이다.
어떠한 변화나 운동도
영구히 정확히 같게 반복되지 않는 것이다.

아주 조금씩 다른 운동들은
모여서 큰 차이를 만들며
결국 다른 형식의 운동들로 변하게 된다.
그래서 이를 설명해주는 각종 물리상수와 자연법칙들도
영구하게 동일할 수 없으며
장구한 시간이 지난 후에는
변하는 물리세계의 여건에 따라
다른 것으로 대체되어야 할 것이다.

자연법칙은 물질을 매개로 한 이치의 운용이다

자연법칙은 물질을 매개로 한
이치의 운용이라 말할 수 있다

자연법칙은 계속하여 변하고 있는 물리세계에 대한
특정 조건에 따른 인과 관계의 규칙들로서
물성적인 성질들을 조건으로 한다.

그러나 이치는
어떠한 물성적인 전제가 없이도
항상 옳은 상태로 있는 논리이다.

자연법칙은 계속하여 변하는 것에 대한 것이지만
이치는 물성적인 것을 전제로 하지 않는
영구불변한 것이다.

그러나 물성적인 성질을 전제로 하는 자연법칙에는
무형이면서 항상 옳게 성립하는 이치가 들어 있다.

물성적인 인자들 사이의 변환에 대한 관계식들인
아인쉬타인의 상대성원리에서 나오는
하나의 결과식이라는 $E=mC^2$에도
뉴턴의 만유인력법칙이라는 $F=G\frac{m_1m_2}{r^2}$ 에도 내부에는 순수한 가감승제의 이치가 들어있다.

따라서 물리세계의 변화는
무한 세계인 이치의 공간상에서
유한의 물질을 매개로 하면서
임의의 이치를 선택적으로 운용하는
실현에 해당다고 말할 수 있다.

이치 중 일부가 물질을 매개로 하여
신에 의하여 실현되고 있는 것이
현재의 우주이고 자연이며
그러한 물리세계에서의
이치들의 운용을 우리는
자연법칙이라 부른다고 할 수 있다.

물리세계는 주어진 성질 외에는 수동적이다

에너지는 자체적으로 발생하는 능력이 없다.
그리고 에너지에 의해서 만들어지는 물질과 물체는
자발적인 뜻과 의지가 없다.

그래서 물리세계는
에너지가 갖는 점성력과
구조화에 의하여 나타나는 힘과 성질 이외에는
수동적이다.

물질과 물체는
생명체의 정신이 갖는 인지, 사유, 판단, 추론, 의지에 의한
자발적 능동성이 없다.
그래서 주어진 기본 성질 외에는 수동적이다.

물질의 세계는 유한-상대적이다

물질의 세계는 유한하고 상대적이다.

물질은 스스로 발생적이지 못하기 때문에
외부로부터 주어지는 양 내에서 유한하고
항상 전체적으로 교류하며 변하고 있으면서도
전체 내에서 한 공간적 위치를 점유하고 있기에
서로에 대해서 시간, 공간적으로 상대적이다.

자체적으로 양은 변하지 않고 전체적으로 항상 변하면서도
어느 순간에 이곳, 그곳, 저곳에 유일하게 있으니

물리적 시-공간으로 자체 내에서 한정적이며
서로에 대해서 시공간적으로 상대적이다.

물질은 구조와 성질상에서 대칭적이며 상보적이다

물질은 공간상에서 위치를 차지한다.
그래서 물질은 부피가 있고 상대적인 좌표와 방향이 있다.

물리적인 영향력은 원천으로부터 거리에 따라
가까이에서 멀리로 약화되면서 전파된다.

따라서 점으로부터 일어나는 변화는 입체적인 구
선으로부터 일어나는 변화는 원통
면으로부터 일어나는 변화는 양면들로 퍼져나가면서
거리에 따라 대칭성을 띈다.

그래서 구球, 원圓, 좌우가
가장 일반적인 대칭 형태가 되며
대부분의 공간적 변화와 물체 운동의 원형原型이 된다.

타원이나 포물선 또는 임의 형태의 운동들은
여러 원천들에 의해 이 대칭성들이
복합적으로 일어나는 변형들이다.

물질은 대칭성과 함께
구조상의 각 수준에서 상보성을 띈다.

어떠한 기반에서 새로운 형태와 성질이 발생하면

그 기반을 기준으로 하여
서로 대응되는 크기와 세기, 성질에서
대소大小, 강약强弱, 음양陰陽
요철凹凸, 고저高低, 좌우左右 등이 발생하여
서로 상보적이 된다.

그래서 나무에서는 줄기가 몸통에 대해
가지가 줄기에 대해, 잎이 가지에 대해 대칭성을 띈다.

그래서 에너지에서는 물질과 반물질
전기에서는 음과 양
자석에서는 남과 북
생물에서는 암컷과 수컷의 대칭적 상보성이
같은 수 정도로 발생하며 존재해가게 된다.

우주에 존재하는 모든 것은 존귀하고 평등하다

이 우주 내의 모든 곳은 유일하고 절대적이다.
어떠한 곳도 다른 곳과 같은 조건에 있지 않다.

우주 전체가 유일하게 한 번 실현되고 있고
항상 새롭게 변하고 있듯이
우주 내 곳곳도
유일한 조건으로 항상 새롭게 변한다.

그래서 우주 내에 존재하는 만물들은
모두가 유일하며 형태와 성질에서 독특하다.
어느 것도 정확히 같은 것이 없다.
같은 것처럼 보이지만 단지 유사할 뿐이다.

그래서 우주 내에 존재하는 모든 존재물들은
각자가 유일하고 절대적이다.
모든 것은 전체를 위해서 없어서는 아니 되는
전체를 위해 동등하게 기여하는
고귀한 존재들이다.

정신적인 것이든, 물질적인 것이든
존재에 있어서는 어느 것도 무시될 수 없는
존귀하고 평등한 것들이다.

조화는 상호 필요성에 의하여 존재가 정당화되는 것이다

조화는 각자가 자기의 위치를 적절히 사지하면서
서로 어울려 협조하며 같이 존재해가는 것이다.

특정의 개체나 부분이 전체에 대하여
한 개인이나 집단의 인간이
인류와 자연과 신에 잘 어울려 존재해가는 것이다.

부분은 전체의 필요성에 의해서 존재하고
전체는 부분에 존재의 정당성을 부여해주는 것이다.
그래서 서로가 서로에 도움이 되고
서로가 서로에 필요한 존재가 되는 것이 조화이다.

상대적인 세계에서는 항상 적절함이 필요하다

정신적인 세계는 무한 절대의 세계이다.
절대의 세계에서는
오직 유일한 하나의 참만 존재한다.

그러나 육체가 속하는 물리적인 세계는
유한하면서도 항상 변하고 있는 상대적인 세계이다.

상대적인 세계에서는
조건들이 시공간의 제약을 받으며 나타난다.
어떠한 개체가 존재하기 위해서는
시공간상의 적절한 여건이 필요하다.
그래서 육체가 속하는 물질의 세계에서는
진위, 선악, 미추를 따지기 위하여
물리적 시공간의 범위와 조건을 전제로 해야 한다.

따라서 인간에 있어서 정신적 가치에 기준을 두면
유일한 참이 추구해야할 목표가 되지만
육체에 기준을 두면
적절함에 목표가 되어야 한다.

물리적 시공간 조건을 무한으로 넓혀 가면
보편성을 더해가면서
궁극적으로는 무한 절대의 세계인

신으로 향하게 되는 것이다.

그래서 절대적인 정신세계에서는
유일한 참이 중용이 되지만
상대적인 물리 세계에서는
상황에 따라 적절함이 중용이 된다.

그래서 육체와 정신을 동시에 가지고 있는 인간에 있어서는
무한을 향하여 치달으려는 자유와 의지를
육체가 속하는 유한 상대적인 물리세계와 조화시켜야 한다.

정신만을 위해 무한을 추구하거나
육체적 현실에만 빠져 현실에 머물러서는 아니 된다.

그래서 참 진리, 온 진리를 깨달아가는 과정은
육체와 정신, 다른 사람들과 주위 환경을 조화시키며
적절한 수준에서 이끌고 가야 하는
중용의 길, 중도의 길이어야 한다.

어떠한 사실이
상대 세계의 현실적인 문제인지
정신세계의 이상적인 문제인지
쉽게 구분하는 방법은

적정함이 필요한가 아니면
그 수준을 무한으로 높여가
유일한 참에 도달해야 하는지를
판정해보면 쉽게 알 수 있다.

피상의 세계일수록 변화가 더욱 심하다

달리는 기차나 비행기, 뱀들은
딸려가는 꼬리 부분이 가장 크게 흔들린다.

태풍은 중심의 변두리일수록 회전 속도가 빠르고
바닷물은 표면일수록 풍랑이 심하며
나무는 줄기, 가지, 잎으로 갈수록
수가 많아지고 바람에 의한 흔들림이 심하며
계절에 의한 변화도 커진다.

이 우주에 존재하는 모든 존재물들은
중심, 핵, 원천으로 갈수록 수가 적어지고
모양과 성질은 단순해지며
외부에 의한 영향은 적다.

그래서 보다 더 원천에 가까워질수록
하나로 통합되어가면서 단순해지고 영구적인 것이 되며
큰 진리, 참 진리가 된다.

그래서 신과 정신에서 먼 물질적인 것, 육체적인 것
그리고 더 표피적인 것, 피상적인 것을 추구할수록
더욱 자주 그리고 크게 변하여
더 혼란스럽고 분주한 시간들을 갖게 되며
진리에서 먼 삶을 살아가게 된다.

생명生命편

생명은 개체적 능동성이다

살아있음은 능동성이다.
어느 개체가 살아있다는 것은
주체적으로 삶을 영위해 나가기 위해
주어진 자유도 내에서 능동성을 발휘하는 것이다.

능동성을 발휘할 수 있는 자유가 없으면
살 수 있는 조건이 주어져 있다고 말할 수 없으며
자체적으로 능동성을 발휘할 수 있는 능력이 없으면
살아있다고 말할 수 없다.

개체로써 주체적으로
주위 상황을 인식하고 사고하고 판단하여
실행할 수 있는 자율성과 자유도가 클수록
더욱 크게 살아 있다고 말할 수 있다.

육체는 물리세계로부터 오지만 정신은 신으로부터 온다

육체는
신에게서 발생하는 에너지가 만들어내는
2차적인 세계인 물리세계를 통해서 오지만

정신은
원천적인 신으로부터 직접 온다.

육체는
물질세계로부터 만들어지고 그 세계와 교류하다가
죽으면 샅샅이 흩어지며 그 세계로 돌아가지만

정신은
신의 속성을 가지면서 신과 교류하다가
죽으면 만들어 놓은 만큼 개체의 몫으로 남는다.

육체적 개체는 물질세계와도 같이
항변恒變하며 있다가도 없어지는 것이지만

개체적 정신은 평생 키워온 신의 세계의 일부로서
개체적 육체가 사라진 뒤에도
해당 크기만큼 주위의 생명들에 남아
영향력을 발휘한다.

정신은 신을 느끼고 살아있음을 드러내는 채널이다

정신은
생명으로써의 개체가
신과 교류하며
진리와 자연법칙을 이해하고
살아있음을 드러내는 채널이다.

개체에 있어서 이 채널이
크고 잘 닦여져 있으면
신과 진리를 더 잘 이해하고
잘 동작하고 있으면
더 많이 살아있다.

그래서 정신은
진리를 체득하고 생명을 발현하는 채널이 된다.

생명들의 삶은 신으로부터 동기되며 죽음보다 의미가 크다.

신이 살아있다.
그리고 우주와 만물이 살아있다.

살아있는 형식과 질, 정도의 차이는 있지만
모두가 살아있다.

만물이 살아있음은
우주의 살아있음으로부터 오고
우주의 살아있음은
신의 살아있음으로부터 오고
인간의 살아있음은
신과 우주의 살아있음으로부터 온다.

육체적 살아있음은 우주를 통해서 오고
정신적 살아있음은 신으로부터 온다.

그래서 인간은
육체와 관련하여 우주로부터 배워지는
물리세계에 대한 지혜와
정신과 관련하여 신으로부터 배워지는
이치에 대한 지혜로
의지를 만들어 삶을 살아간다.

살아 있음엔 뜻이 들어 있다.
살아있음엔 죽음에 없는 뜻이 들어 있다.

변화하는 것에는
변하게 하는 자의 뜻이 들어 있듯이
살아있음에는
살아있게 하는 자와 살아있는 자의 뜻이 들어있다.

그래서 생물은 무생물보다 더 큰 의미를 갖는다.
모든 존재에는 의미가 있지만
물질적인 것보다는 정신적인 것
죽어있는 것보다는 살아있는 것에
더 큰 의미가 있다.

그래서
정신적으로 더 많이 살아 있으면
더 큰 의미를 갖는다.

왜냐하면 정신적으로 크게 살아있을수록
신의 속성에 더 가깝기 때문이다.

생명은 외부와 끊임없이 교류하며 개체 구분은 임의적이다

우주는 전체 하나로 교류한다.

에너지를 바탕으로 저 낮은 차원의 소립자로부터
원자, 분자, 물질, 물체, 생물에 이르기까지
조금도 쉴 사이 없이 교류한다.

강물이 계속하여 새로운 물들로 대체되며
물줄기를 이루듯

생명들은 육체와 정신면에서
끊임없이 외부와 교류하며 개체를 유지해간다.
육체는 물질세계와 교류하고
정신은 진리의 세계인 신과 교류하며 변해간다.

생명체에서 일어나는 이러한 변화는
물질세계에서와 같이 완전히 피동적인 변화는 아니다.
다소의 능동성을 가진 변화이다.

개체가 갖는 주체적 의지에 의하여
상변常變하고 있는 물리세계와 편재해 있는 신의 세계와의
간단間斷없는 교류에 의한 변화이다.

그래서

개체는 잠시도
외부로부터 독립되거나 의존적이지 않는 순간이 없으며
경계가 고정되거나 변하지 않는 순간이 없다.

그래서 인간이 인위적 목적을 위해 개체를 구분하는 것은
밀도의 강도에 따라
임의적으로 하는 것이다.

어느 순간에 공간상에서
교류가 정지되어 있다고 보고
다소의 오차를 수용하며 큰 밀도 차이를 중심으로
경계의 선을 긋는 것이다.

인간의 육체에 있어서도
숨, 대소변, 땀, 피부와 털의 탈각, 체온을 통하여
외부와 쉴 사이 없이 교류하고 있으며
빠져나간 에너지는 음식을 통하여 수시로
보충하고 있다.

정신이 육체의 주인이며, 육체를 이끌고 간다

집에 사람이 산다고
사람이 집으로부터 나왔다고 할 수 없다.

집은 차라리
사람이 만든 것이기 때문이다.

육체는 두뇌가 들어앉아있는 뜰이요
두뇌는 정신이 거주하는 집이다.

육체가 책이라면 두뇌는 문장이며
정신은 글의 내용이다.

주인이 없는 집은 헛집이고
내용이 없는 글은 맹랑하듯이

정신이 없는 육체는
죽어있는 물질에 불과하다.

그래서 육체의 주인은 정신이 된다.
정신이 주인이 되어 육체를 이끌고 간다.

주인이 집을 가꾸고 만들어 가듯이
정신은 육체를 만들고 가꾸어 간다.

육체의 주인은 성신이기에
육체는 정신에 의하여 다스려지고 이끌어져야 한다.
그래야 정신과 육체가 조화되며
합목적적으로 하나로 기능할 수 있다.

육체가 주도하면 훌륭한 정신은 만들어지지 않지만
정신이 주도하면 깨끗하고 정결한 육체가 만들어진다.

사람에 있어서 비록
육체는 약하지만 정신은 강하고 훌륭하며
육체는 강하지만 정신은 약하고 추한 자가 있는 것은
그 이유이다.

강하고 훌륭한 정신을 가꾸고 키워 나가는 것은
개체의 정신 스스로의 몫이다.

생명에 따라 다른 수준의 정신을 갖는다

돌, 나무, 벌레, 동물, 인간

이 우주에 존재하는 모든 것에는
정신이 들어 있다.
신과 신의 섭리를 인식하는 정신이 들어 있다.

신으로부터 만들어져 나온 존재물로써
신의 내용과 신의 활동 양상을 인식하는 정신이 들어 있다.

그러한 신과 신의 섭리를 인식하는 정신은
무생물보다는 생물에, 생물보다는 고등동물에
고등동물에 있어서는 인간에 더 크고 훌륭한 것이 들어 있다.

생물에 들어 있는 그러한 신과 신의 섭리를 인식하는 정신은
신을 느끼고, 신의 섭리인 진리를 깨닫는데 이용된다.

그래서
인간에 있어서 훌륭하게 태어난 자나
훈련을 통하여 그 정신을 잘 키워온 자는
더 훌륭한 자가 되며
훌륭하고 더 큰 정신을 가진 자일수록
신을 더 잘 이해하고
인간과 우주, 자연법칙을 더 잘 이해하게 된다.

전체가 속속들이 살아있어 개체적 삶들이 가능하다

우주 전체가 살아있다.
그리고 세부분들도 살아있다.

유한의 우주 전체가 무한의 신의 세계를 바탕으로
모든 부분이 속속들이 신과 접촉하며
신으로부터 삶의 동기를 부여받기에
세부분들이 살아 있을 수 있다.

마치 물속에 잠겨 있는 스펀지가
속속들이 물과 접촉하며 물에 배어 있듯이
개체적 생명들은
전체 속속들이 신의 세계에 잠겨 있으면서
신과 접촉하며 삶의 동기를 부여받을 수 있기에
살아있을 수 있다.

그래서 우주 전체가 살아있고
세부분들이 속속들이 살아 있어
온갖 생명들이 임의의 개체들을 형성하며
전체와의 조화 속에 이곳저곳에서
태어나고 살다가 죽게 된다.

개체적 인식은 삶의 의지를 발생시키며 활동의 시발이 된다

전체가 살아있고
그 내부에서 개체가 살아있으면
개체는
전체의 살아있음을 느끼고
자신이 존재하고 있음을 느끼고

만나는 접촉면을 통하여
주위의 변화를 느끼며
적응하며 살아가는 방법을 터득하게 된다.

그래서 개체는 전체에 맞추어
자기도 같이 살아가려 한다.

이처럼 삶을 계속하려는 뜻은
개체의 삶에 대한 의지로 나타난다.

따라서 모든 개체적 생명은
독립적 의지를 가지고 있다.

독립적 의지는 개체가 살아있다는 증표가 된다.
의지가 없으면
생명은 죽은 것이나 다름이 없다.

의지가 없으면
주위에 자신의 모든 것을 내맡기고
주위가 하자는 대로 따라가야 한다.

의지가 정해지면
추구할 목표가 정해지고
집중할 힘의 크기와 방향이 정해진다.

그래서 의지는
모든 말과 행동의 시발이 되고
힘 사용에 대한 결정이 된다.

의지는 습득하는 지혜와 능력을 바탕으로
여건에 적응하며 살아가는 시발이 된다.

국지적 의지들은 곳곳에서 충돌한다

생명의 개체들은 곳곳에 있다.

그래서
공간의 여기저기에서 국지적 의지들이 발휘된다.
그리고 그러한 의지들은 서로 충돌한다.

온갖 싸움과 갈등, 증오는
각자를 중심으로 한 이러한 의지들의 충돌 현상이다.
이들은 모두가
자기를 중심으로 한 '자기 위함'에서 발생하는
개체적 의지들 사이의 충돌이다.

자기중심성을 벗어나 해탈해있는 자들에겐
물리적인 상대 세계를 떠나
전체와 낱낱의 것들을 철저히 객관적으로 보며 살아가기에
충돌은 없고 조화만이 있는 평화로운 삶이 된다.

인간人間편

정신은 신의 세계의 투영이다

예술 작품에 만든 이의 뜻이 들어가듯이
이 우주에는 신의 특성이 들어가 있습니다.
우주와 만물 속에 신의 속성이 배어있습니다.

인간에게도, 동물에게도, 무생물에게도
신의 속성이 조금씩 들어 있습니다.

정도가 다를 뿐이지 모든 피조물에는
그를 있게 한 신의 속성이 들어 있습니다.

정신은 인간에게 나타나는 신의 속성의 일부입니다.
신 성격의 일부입니다.

신의 속성이 얼마나 투영되느냐에 따라
얼마나 정신적인 존재이냐가 정해집니다.

이치의 세계, 진리의 세계인 신의 세계를 얼마나
깨닫고 이해하느냐에 따라 개인의 정신이 정해집니다.

인간에게는 이 우주에서 차지하는 그의 위치와
그가 평생 키운 진리의 세계만큼
신의 속성이 들어 있습니다.

정신을 통하여 신을 인지하고 자연법칙을 이해한다

정신은
인간에 투영되어 있는 신의 특성입니다.

아주 작은 부분이지만
신의 성질의 일부입니다.

그래서 인간은 개체적인 정신을 통하여
전체적인 정신에 해당하는 신을 인지하게 됩니다.

인간은 신의 속성인 정신을 통하여
신의 내용인 이치와
그의 활동 양상까지 포함된 자연법칙을
이해하게 됩니다.

정신세계는 물리적 시공간을 초월한다

정신세계에는 물질이 없습니다.
그래서 눈으로 볼 수 없고
귀나 코, 다른 감각기관으로 느낄 수 없습니다.
물질이 없으므로 공간을 점유하지 않으며
물리적인 변화가 없어 시간을 느낄 수도 없습니다.

정신세계는 물리적 시공간을 초월해서 오직
옳음의 이치만이 존재합니다.

> 그름은 다만 인간의 무지와 잘못된 두뇌의 동작에서 옵니다.
> 이치에는 그름이 없습니다.

그래서 정신세계에서는 뜻을 전달하는 물리적 신호가 없어
물리적 속도에 의하여 나타나는 어떠한 시간성도
시간적 전후관계도 없습니다.

그래서 정신세계에서는 물리적 인과관계가 없이
다만 가정에 의하여
어제가 오늘도 될 수 있고 내일이 어제가 될 수도 있으면서
시간의 앞뒤와 원인과 결과가 뒤바뀔 수도 있으며
논리적 인과만이 존재하는 것입니다.

인류만을 위한 진리는 없다

신이 인간만을 특별히 만들었다고 하는 말이 있는데
이 말은 참일까요?

그렇다면 왜 이처럼 인간이
생로병사를 겪으며, 수명이 짧고
항상 불행과 고뇌가 따라다니며
왜소하고 능력이 미치지 못함이 많을까요.

이 우주의 모든 것들을
인간을 위해 만들었다고 하는 말이 있는데
이 말은 맞는 말일까요?

그렇다면 왜 이처럼 인간의 삶에
불편한 것이 많고 해가 되는 것이 많으며
죄 지을 것들이 많을까요.

신이 인간을 특별히 만들었다는 말
인간을 위해서 우주와 다른 생명들을 만들었다는 말은
인류 문명의 역사 이래 최대의 거짓이고
의도적인 조작이며 독단입니다.

인간은 비록 지구상에서 가장 영특하고 지혜로운 존재이지만
다른 생명들과 조화되며 같이 살아가도록 되어 있으며

이 광대한 우주에는 다른 혹성에
어떠한 많은 지능체가 살고 있을지 단언할 수 없습니다.

그래서 인류만을 위한 신은 따로 없고
인간만을 위한 진리는 별도로 없습니다.

인생은 육체를 줄이고 정신을 늘려가야 하는 과정이다

인간은 정신과 동시에 육체를 가지고 있습니다.
육체에 정신이 깃들어 있는 형태로 태어납니다.

육체는 물리세계로부터 오고
정신은 신으로부터 직접 오면서
육체는 육체대로 변해가고
정신은 정신대로 변해갈 수 있습니다.

그러나 육체의 주인은 정신이고
정신이 육체를 이끌며 살아갑니다.

인간은 물질보다는 신에 가깝습니다.
그래서 인생은 육체를 줄이고 정신을 늘려
신에 더욱 가까이 가는 과정으로 주어진 것입니다.

태어날 때 사람마다 다소 다른
정신의 크기와 질을 가지고 태어나지만
인생은 부단히 노력하여
육체를 줄이고 정신을 늘리는 과정으로 태어나는 것입니다.

그래서 사는 동안에는
진리를 가능한 한 많이 터득하고 행하면서
최대한 평온 평화롭게 사는 것이고

죽어서 육체가 사라질 때는
최대로 세상을 이롭게 하도록
훌륭하고 큰 정신을 만들어
후세에 물려주고 가는 것입니다.

이 세상의 모든 인간은 평등하다

이 우주의 모든 존재들은 평등합니다.

그들은 모두가 유일하고 존귀합니다.
그래서 그들은 모두가 평등합니다.

이 세상의 모든 인간은 평등합니다.
각자 있어야 할 자리에 있으면서
유일한 존재의 가치를 가지고 있습니다.

어느 누구도 남을 해칠 권한이 없습니다.
어느 누구도 남을 죽일 권한이 없습니다.

모두가 신이 주는 가치에 의하여 태어나고
자연과의 조화에 의하여 살다가 죽는 것입니다.

누구도 남의 태어남이나 살아감을
−자기에게 해가 되지 않는 한−
방해하거나 간섭할 자격이 없습니다.
우리들은 모두 똑같이
신과 자연의 섭리에 따라
이 세상에 잠시 머물다 가는
객客에 불과하기 때문입니다.

인간은 이치를 추구하고 실현하며 삶을 살아간다

이치는 실현함으로써 현실로 드러납니다.
이치는 무형의 정신적인 것이지만
물리적 실현을 통하여 현실로 나타납니다.

인간의 매일의 삶은
이치를 탐구하고
진리에 해당하는 것은 언행을 통하여 실천을 하고
육체적 현실을 위해 필요한 것은
물질을 매개로 하여 실현해가는 것이 됩니다.

이치에 해당하는 소위 아이디어라는 것에는
무한히 많은 것이 있습니다.
그러나 실현은 특정적입니다.
실현은 이렇게 할 수도 있고, 저렇게 할 수도 있는
많은 아이디어 중 특정의 선택입니다.

물리적 실현은 물리적 인과관계로 나타납니다.
이치의 인과관계가 물리적 인과관계로 나타나게 해줍니다.
그래서 이치 중에서
과거에 실현됐거나 현재 실현되고 있거나
앞으로 실현될 것들은
물리적 인과 관계를 보여줄 것이나
어느 때도 실현되지 않는 것들은

영원히 물리적 인과 관계를 드러내지 아니할 것입니다.

인간이 삶을 살아감은
이치를 알아내고 진리를 실천하고
이치와 자연법칙을 물리적으로 실현해 가면서 이루어집니다.

죽으면 정신적인 것만 남는다

죽으면 육체석인 것은 남는 것이 없습니다.
정신적인 것만이 남습니다.

영혼이 떠난 육체는 썩고 분해되어
자연의 순환 속으로 환원되어 버립니다.

영혼은 육체를 살아있게 구동시키는,
정신이란 채널을 통해
각자에게 축적되어 온 진리의 수준과 크기로써

컴퓨터의 하드웨어가 부서지면 소프트웨어가 사라지고
그 이전에 복사해 놓은 소프트웨어는
다른 하드웨어들에서 동작하고 있을 수 있듯이

살아있는 동안 사람들에게 전파 이전되었던 영혼은
육체가 사라진 뒤에도 남아서 영향을 발휘하게 됩니다.

사람이 죽으면 원 개체의 영혼은
성장이나 활동이 중지되지만
전파되어 남아있는 사람을 통해서
계속하여 성장하고 변화되어갈 수 있습니다.

그래서 좋은 영혼은 죽은 뒤

세상을 밝고 이롭고 평화롭게 하지만
나쁜 영혼은 세상을 어둡고 해롭고 혼란스럽게 만듭니다.

좋은 영혼을 만들어 남기고 간
성인, 현인, 훌륭한 자들은
그들이 일생 만든 진리의 크기와 수준만큼
후세에 남아 존경받고 추앙받고 있습니다.

누구나 좋은 영혼을 크게 만들어 남기고 가기 위해
노력하였으면 합니다.

각자에게는 신이 준 양심의 거울이 있다

인간에게는 누구에게나 하나씩의 거울이 있습니다.
그 것은 어느 때나 스스로를 비쳐보라는 거울입니다.
자기의 잘못을 남에게 물어보지 말고
혼자서도 확인하라고 신이 준 거울입니다.

인간은 누구에게나 하나씩의 자와 저울도 있습니다.
그들은 스스로의 길이와 무게를 재어보라는 것들입니다.
하나하나 남에 비교하지 말고
손수 재어보라는 것들입니다.

자기에게 갖추어져 있는 이것들을 이용하면
굳이 남을 기웃거리거나 남을 속이거나
판사나 하느님의 심판에까지 갈 필요가 없습니다.
그리고 보다 더 근본적으로는
자기 자신마저 속이거나 핑계를 댈 여유가 없습니다.

다만 필요한 것은
그들을 항상 깨끗하고 정확하게 유지하는 일입니다.

때가 끼지 않도록, 눈금과 추가 늘거나 줄지 않도록
부단히 닦으며 잘 관리하는 일입니다.

이렇게 하는 길은 하나입니다.

모든 거짓과 욕심을 버리는 일입니다.
마음을 비워서 깨끗하고 청결한 상태에 두는 일입니다.

더럽혀진 거울은
모습을 제대로 비쳐볼 수 없고
녹슬고 변한 자와 저울은
길이와 무게를 제대로 잴 수 없으니까요.

업과 생사윤회는 자아의 구분으로부터 시작된다

업業과 생사生死의 윤회輪廻는
자아自我의 구분으로부터 시작됩니다.

자아의 구분은
나와 남, 내 것과 남의 것
이것과 저것들의 경계를 만들고
차별을 만들어 냅니다,

그래서 구분된 자기를 중심으로 해서
욕심이 생기고
욕심이 가지를 쳐 번창하고
애타게 바라게 되고
이러한 바람들이 습관화되고
습관화된 바람이
마음과 정신과 몸에 골골이 배게 되어
습기習氣로 굳어지고
체질화되면서 염색체로 굳어지고

습성에서 본성으로, 개인에서 인류로, 현세에서 후세로
굳어지고 넓혀지고 대물림되어 갑니다.

그래서 이제는
사물을 보는 방법, 생각하는 방법, 사는 방법까지도

그것으로 묶이게 되고 당연시 되어
업業이 되고, 집착執着으로 변하고, 애증愛憎으로 변하고

마침내 고통苦痛이 되고
병病으로 되고, 근죄根罪가 되고
삶에 대한 집착, 죽음에 대한 두려움이 되어

생사生死의 구별이 생기고
그래서 마침내는 윤회輪廻로 나아가
무한히 반복되게 됩니다.
그래서 인간은 업의 덩어리가 되고
계속 반복해서 굴러가는
윤회의 존재가 되는 것입니다.

진 · 선 · 미는 조화이며, 궁극적으로는 신으로 향한다

옳다 그르다, 착하다 악하다, 아름답다 추하다의
최종 기준은 어디에 있을까요?

인간이 만든 법이나 관습에 있을까요?
장소와 시류에 따라 다를까요?
어느 때, 아무 곳에도 없을까요?

진眞 · 선善 · 미美는
부합附合이요 조화調和입니다.

진은 신과의 부합이요
미는 주위를 포함한 자연과의 부합이나 조화요
선은 인간들과의 조화입니다.

일시적이고 국지적이며 인위적인 진 · 선 · 미는
부지기수로 많습니다.
그러나 그들을
시간상으로 연장하고 공간 영역상으로 넓혔을 때
진선미 수준들을 잃어가고
모순으로 결론되는 경우가 대부분입니다.

오늘만을 위하고, 나만을 위하고
한 지역만을 위한 것이

나중에는 고통으로 오고 모순으로 오는 것이
허다합니다.

참다운 아름다움은 확장되면 진으로 향하고
참다운 착함은 확장되면 미를 통하여 진으로 향합니다.
그래서 최종적으로는 모두가 신으로 향하게 됩니다.

참다운 진선미는 나로부터 나와
이웃과 인간, 만물, 자연, 우주를 거쳐
최종적으로 신으로 향합니다.

그래서 신에 가까울수록
더 참하고 착하고 아름다우며
더욱 진리적인 것이 됩니다.

사랑의 본질은 부족분을 채워 완전하게 되려는 경향이다

사랑은 존재자로써
전체에 대해 부족분을 채워
완전하게 되려는 경향입니다.
자신에게 부족한 부분을 채워
완전한 전체가 되려는 자아 완성적 욕구입니다.

그래서 인간에 있어서 정신적인 사랑은
진 · 선 · 미의 극에 위치한 신을 찾아가는
진리 추구의 길이 되며
육체적인 사랑은
자신으로부터 이성異性의 짝을 찾고 종족을 이어가고
우주를 향해 영역을 넓혀가는
점유의 확장 과정이 됩니다.

그래서 사랑은
때로는 정신적 가치로써
또한 때로는 물질적 욕구로써
생명들의 삶의 추구의 목표가 되며
때로는 달콤함과 찬미의 대상이 되기도 하지만
때로는 극복과 질투, 배타, 시기, 증오, 갈등, 투쟁의
원인이 되기도 합니다.

보이는 세계는 극히 일부이다

우리가 보는 세계는 피상적인 표피의 세계입니다.
내부는 얼마나 깊은지, 뭐가 감추어져 있는지 알 수 없습니다.
1, 2, 3, 4, …
외부적으로도 무한이 존재하지만
0.1, 0.01, 0.001, 0.0001, …
내부적으로도 무한이 존재합니다.

하나가 현시적으로 나타나기 위해서는
잠재의 세계에서 오랜 성숙기간을 거칩니다.

이는 보이는 것이 표피적인 것이어서
그렇기도 하지만

현시적인 것은 궁극적으로는
눈으로 보이지 않는 정신적인 것으로부터 나와
수많은 단계와 차원을 거치기 때문입니다.

하나의 예술작품이 나오기 위해서는
오랫동안 머리 속에서 생각이 숙성되어야 하고

피부에 증상이 나타나는 것은
몸 안에서 오랫동안 복합적인 원인들이 잠재한 것이며

하나의 싹이 내지를 뚫고 나오기 위해서는
씨앗이 땅에 떨어지고 묻히어
오랜 기간동안 물과 햇빛, 공기가 역사役事한 결과이며

한 아이가 태어나기 위해서는
남녀가 사랑을 나누고
결혼과 더불어 육체적 결합을 한 뒤
정자와 난자가 자궁에서 만나
300여일 동안 성숙되어야 하듯이

하나의 현상이 밖으로 드러나기 위해서는
오랫동안의 잠재기간이 필요합니다.

인간의 오감은
믿을 수 없을 정도로 미약하고 오류투성이입니다.
물질의 한계를 벗어나 무한을 향해 생각할 수 있는
정신의 능력마저도 극히 한계적입니다.

이 우주에는 망원경이나 현미경을 통해서도
볼 수 없는 것들이 부지기수입니다.
블랙홀, 암흑물질 등
우주에 널려 있으나 빛을 내지 않아 볼 수 없는 것이
우주 물질의 대부분이라고 하지 않는가요?

쿼크니 뉴트리노니 타키온이니 하는 소립자들은
존재는 하나
어떠한 현미경으로도 볼 수 없다고 하지 않는가요.

인간이 보고 느끼는 시공간은 4차원입니다.
그러나 인간이 보지 못하는 수차원이
한 점에 말려 있을 것이라고
현대 물리학자들은 말하고 있지 않는가요.

하물며 정신으로 느낄 수 없는 것은
더 무한입니다.

가까이 있으면서도
가려서 못보고, 너무 작거나 커서 못보고
너무 많아서 못보고
빛을 내지 않아 못 보며
너무 멀리 있어서 못 보는 것들이 부지기수입니다.

그래서
보는 것만으로 살아가는 삶은
컴컴한 우주 공간을
지팡이 하나로 찾아가려는 삶이요

알고 있는 지식만으로 살아가는 삶은
어두운 밤에 반딧불 하나로
길을 헤쳐 나가려는 삶과 같은 것입니다.

인간에게 주어진 자유에는 책임이 따른다

인간에게 주어진 자유에는 한계가 있습니다.
이 한계는 인간이 가지는 능력에서 오기도 하지만
능력은 있으나 스스로 해서는 안 되는 일 또한 있습니다.

할 수 있다고 아무거나 하는 것이 자유가 아닙니다.
상대방을 위해서, 다수와 공공을 위해서
인류와 자연, 우주의 질서를 위해서
신을 위해서
해서는 안 되는 일들이 수없이 많습니다.

해서는 안 되는 일을 하는 것이
능력의 우수함이 될 수는 없습니다.
능력을 가진 자는
그 것을 해야 하는지, 해서는 안 되는지를
결정하는 능력까지도 같이 가져야 합니다.

왜냐하면 자기가 한 일에 대해서는
스스로 책임을 져야 하기 때문입니다.

신은 인간에게
생명으로써 살아갈 수 있도록 자유를 준 대신
한 일에 대해서는 스스로 책임을 지도록 하고 있습니다.

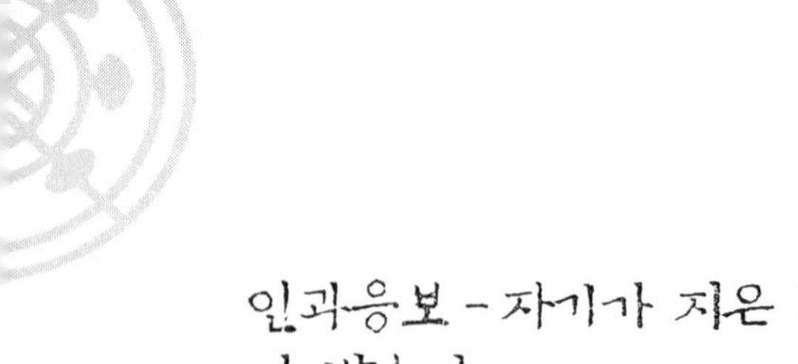

인과응보 - 자기가 지은 죄의 대가는 자기가 받는다

모든 일에는 원인과 결과가 있습니다.

논리만이 존재하는 정신세계에서는
인과관계가 물리적 시공간을 떠나 임의적으로 존재하나

육체가 속하는 물리세계에서는 인과관계가
시간을 전후로 하여 공간적 현실로 나타납니다.

인간의 정신적 활동인 생각과 의지는
언행을 통하여 물리적 현실로 되어 나타납니다.

그리고 그 언행은 주위에 영향을 미치며
그 영향은 다시 자연이나 인간을 통해서
자신에게 되돌아옵니다.

선한 언행은 선한 결과로 돌아오고
악한 언행은 악한 결과로 되돌아옵니다.
큰 영향은 크게 돌아오고
작은 영향은 작게 돌아옵니다.

본인이 지은 업보로써
본인에게 되돌아오는 것입니다.
업보는 즉시 나타나기도 하지만

오랜 후에 나타나기도 합니다.
인간은 자기가 한 생각과 행동에 대하여
살아있는 동안이나 사후에 반드시
응답을 받게 되는 것입니다.

자연에는 필연적인 인과법칙이 있듯이
인간에게는 인과응보가 있는 것입니다.

우연을 믿는 자를 요행을 바라는 자라 부르며, 생명에 있어서의 정신적 활동에 의하여 일어나는 자유 의지를 고려하지 않고 모든 것을 물리세계의 인과법칙으로 풀려는 자를 예정론자 또는 결정론자라 부릅니다.

두려움과 과욕, 자만심은 무지에서 온다

두려움과 과욕, 자만심은
무지에서 비롯됩니다.

삶을 살아가는데 있어서 갖게 되는
두려움과 과욕, 자만심은
실상을 제대로 보지 못하고
실질을 제대로 이해하지 못하는 데에서 옵니다.

어둠에 대한 공포가
주위를 볼 수 없기 때문에 오듯이
죽음에 대한 공포, 삶에 대한 두려움이
삶의 진실한 내용과 죽음의 뜻을
제대로 알지 못하기 때문에 오며

물질을 무한으로 소유하고 싶은 욕망은
육체적인 것이 일시적이라는 것을 모르고
죽으면 아무 것도 가지고 갈 수 없다는 것을 모르고
물질은 한정적이고 상대적이면서
인간에게 궁극적인 만족을 줄 수 없다는 것을
모르기 때문에 오며

신을 무시하고 자연과 인간을 함부로 대하는 자만심은
나의 위치와 역할과 능력의 한계를 모르고

이 세상이 모두 이어져 있으면서
자기만을 위한 것이 아니라는 것을
모르기 때문에 옵니다.

설영 이러한 것들을 안다고 해도
어렴풋이 짐작할 뿐이고
확신에 이르지 못하기 때문입니다.

모든 것을 제대로 알고 나면
두려움과 과욕, 자만들은 모두가
전혀 쓸모없는 것들이라는 것을

이들은 자신을
무한의 고뇌와 고통, 어둠의 질곡 속으로 끌고 들어가는
무모한 유혹들일 뿐이라는 것을 이해하게 됩니다.

그래서 깨달은 사람은
무소유無所有로 돌아가
조금의 두려움, 욕심, 자만심이 없이
인간의 바른 위치에서 자연과 더불어
초연하게 살아갑니다.

인간은 무선 무악으로 태어난다

인간이 태어날 때는
선과 악이 무엇인지 모르며
선하지도 악하지도 않습니다.
선악은 인간이 만든 것
인류가 시대를 살아오며 정립定立해온 것이기에
태어나면서 선천적으로 가지고 나오는 것이 아닙니다.

절대적인 선은 신을 향해서 있습니다.
절대적인 선은 나에게서 시작하여
이웃, 민족, 인류, 생명, 만물, 자연, 우주를 거쳐
신으로 향합니다.

그러나 인간들이 말하는 보통의 선은
상대적인 선으로써
나, 이웃, 민족, 인류, 만물의 일정 범위 내에서
한정된 시간동안 다루어지는 선들입니다.
정해진 공간 범위 내에서
일정한 시간동안만 이롭게 하는 선입니다.

인간은 태어나면서
-다소의 다른 유전적인 기질들을 가지고 태어나지만-
선악 어느 것으로도 될 수 있는
가능성을 가지고 태어납니다.

어느 것을 받아들이고 키워나가느냐
어느 것을 거부하고 억제해 나가느냐에 따라
한 편이 강하게 될 가능성을 가지고 태어납니다.

육체는 악의 소질이고
정신은 선의 소질입니다.

육체적인 것은
유한 상대적인 물리 세계에서 싸워 얻어서
자신의 개체를 유지 성장시켜가야 하는 반면
정신은
무한의 진리의 세계에서 충돌없이 살아감은 물론
신의 뜻을 알고 자연의 이치를 알고
무엇이 합리적인가를 알아
육체를 적절히 다스리며
조화를 시켜갈 수 있는 것이기 때문입니다.

선악은 자라면서 커갑니다.

정신이 육체에 치우치면
악이 커지고
진리를 터득하고 육체를 극복하고
자신을 희생하며 사랑을 넓히면

선이 커갑니다.

어느 것을 잘 키우느냐에 따라
해당의 것이 더욱 커갑니다.

조상을 거쳐 부모로부터 받은 유전에 따라
선악의 시작점과 방향에
다소의 차이가 날 수 있습니다.
그러나 그러한 차이는
자라면서 극복되어질 수 있습니다.
교육과 훈련에 의하여
수정 보완되어질 수 있습니다.

그래서 선악에 대한 모든 책임은 결국
본인 개인의 몫으로 돌아오게 되는 것입니다.

천당과 지옥은 별도로 없다

천당과 지옥은 별도로 없습니다.
그 것들은 인간이 만들어낸 것들입니다.

주위와 평화롭게 살며
선한 일을 많이 하고
죽음에 대해 두려움을 덜도록 하기 위하여
인간이 지어낸 것들입니다.

인간에 있어서
삶의 의미를 진정으로 아는 능력이 부족하면서
죽음에 대한 공포가 삶을 둘러싸고 있고
서로 해침이 여기저기에서 저질러지는 것을 보며
위안과 질서, 평화를 위해
인간이 만들어낸 것들입니다.

과학자들은 그동안
우주를 이곳저곳 뒤져봤습니다.
그리고 철학자들은 깊이깊이 사유했습니다.
그러나 천국과 지옥은
어디에서도 발견된 적이 없었습니다.

인간의 행위에는 항상 인과응보가 따릅니다.
대부분의 응보는 즉시 주어집니다.

그러나 얼마 지나서 후대에 주어지는 응보도 있습니다.

습기習氣로 굳어진 응보는
유산으로써 후세에 물려지기도 합니다.

신은 천당과 지옥을 별도로 운영하지 않습니다.
만일 그 일을 별도로 하는 자가 있다면
그는 신보다 우수하거나
신과 조화가 되지 않는 자일 것입니다.
그러한 자는 존재하지 않습니다.

현생의 일을 전생이나 내세로 미루는 것은
회피나 도피요 무책임이며 게으름입니다.
우리가 사는 우주가 천국이 될 수도 있고
지옥이 될 수도 있습니다.

우주와 인간의 본성이 참하며 아름답고
현재의 삶의 고통이
그동안 인류가 잘못 만들어온 결과이며
따라서 앞으로의 삶의 목표가
육체와 물질 위주의 삶으로부터
육체를 줄이고 정신을 늘이는 과정임을 안다면
이 우주를 다시 천국으로 되돌릴 책임은
우리들에게 있음이 명확한 것입니다.

III

일상日常의 도道

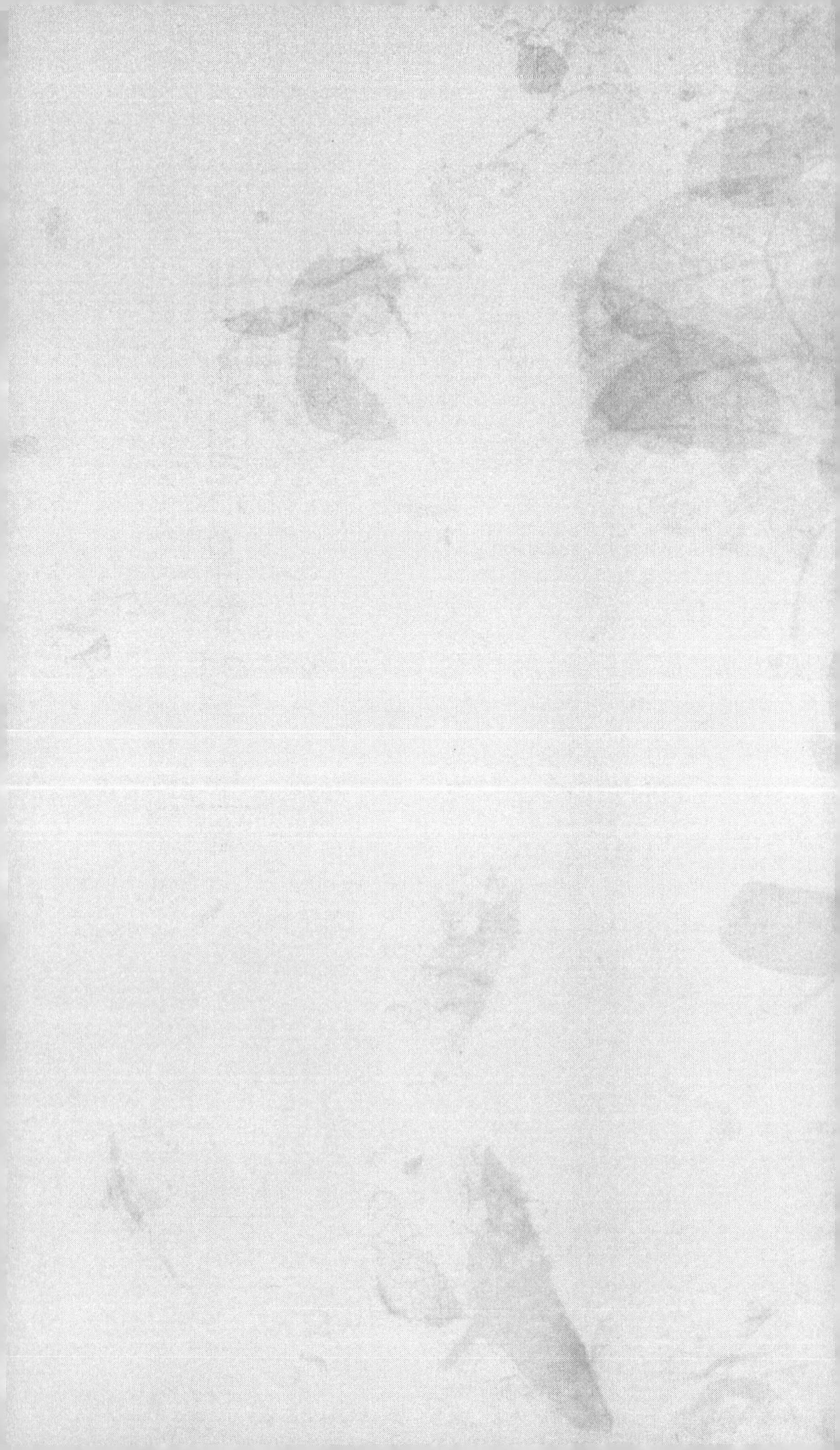

수행修行편

내가 진리를 하는 이유

나는 오늘 왜 살고 있는가.

밥을 먹기 위해서?
잠자기 위해서?
숨쉬기 위해서?
놀이하기 위해서?
눈요기하기 위해서?
친구를 만나기 위해서?
뭔가 좋은 소식을 듣기 위해서?
아니면 시간을 때우기 위해서?

혹시 어제보다 더 좋은 것이라도 먹기 위해서?
더 좋은 옷이라도 입기 위해서?
더 좋은 집이라도 마련할 수 있을까 해서?
대박이라도 터질까 해서?
아니면 사람들 사이에 끼어 그저 휩쓸려서?
더 아니면 끊어지지 않는 숨을 끊기 힘들어서?

아침마다 세수를 하고 이빨을 닦기 위해서?
끊임없이 자라는 손톱을 자르기 위해서?
머리와 발톱을 손질하기 위해서?
날마다 때를 벗기고 목욕을 하기 위해서?
찌는 살을 빼기 위해서?

가끔 찾아오는 병과 아픔을 낫기 위해서?
건강을 유지해나가기 위해서?

책상에 쌓이는 서류를 처리하기 위해서?
여기저기서 들어오는 부탁을 들어주기 위해서?
월급봉투, 저금통장, 재산등록의 늘어나는 액수를 보기 위해서?
높은 지위에 올라 사람들을 통치해보기 위해서?
차 크기와 아파트 평수를 늘이기 위해서?
땅을 더 많이 사 가지기 위해서?
생존 경쟁에서 살아남거나
누군가와의 경쟁에서 이기기 위해서?

자식의 커가는 모습을 보기 위해서?
부모님께 따뜻한 식사라도 한번 대접해드리고 싶어서?
돈을 모아 좋은 곳에 여행이라도 한번 가보고 싶어서?

그것들 중 어느 것인가?
그것들 모두인가?
그것들의 대부분인가?
그것들 말고 또 있는가?
그러한 것들이 그처럼 중요한가?
그러한 것들이 그처럼 당신을
희망을 걸고 살게 하는가?
그러한 것들이 당신을 오늘도 그처럼
굳게 살아있게 하는가?

모든 것이 맹랑하지 않는가?

무언가 빈 것이 있지 않는가?
어딘가 큰 것이 빠져있는 것 같지 않는가?
무엇인가 꼭 있어야 할 것이 없지 않는가?

그렇다.
내가 왜 여기에 있어야 하는지 그 이유를 모른다.
내가 왜 오늘 살아 있어야 하고
내가 오늘도 왜 이리 아등바등
뭔가 하고 있어야 하는지 모른다.

나는 기본적으로 그 이유들을 알아야 한다.

나는 내가 어디로부터 왔으며
어디로 가고 있으며
지금 어디쯤에 있는지를 우선 알아야 한다.
나는 내가 누구인지, 왜 사는지
내 정신과 육체가 무엇이며
무엇을 위해 어떻게 살 것인지
우주상에서 어떠한 위치를 차지하며
신과 우주, 자연, 다른 생명, 다른 인간들과
어떠한 관계에 있는지를 알아야 한다.

나는 그러한 것들을 기본적으로 알고
이들을 제대로 인정하고 실천해갈 수 있을 때
먹을 것을 제대로 먹고
입을 것을 제대로 입고 잠을 편히 잘 수 있다.

그러하기 위해 나는 오늘도
진리가 무엇이며
그것을 어떻게 해야 하는지 골몰하고 있다.

그러한 것들을 의심 없이 받아들이고
스스럼없이 생활할 수 있을 때
나는 오늘
먹고 입고 자는 일을 거리낌 없이 할 수 있다.

진리의 길

진리에 이르는 길은 정해져 있지 않습니다.
별도로 정해진 길이 없습니다.
진리의 길은 외길이 아니요
시작하는 곳도, 특정의 방향도
정해져 있지 않습니다.
모든 곳이 시작점이 될 수 있고
어떠한 방향으로도 갈 수 있습니다.

여기 저기 어디에나 있는 것이 진리이며
이런저런 방법으로 갈 수 있는 길이
진리의 길입니다.

그렇다고 이것저것 아무거나 진리가 아니며
이런저런 모든 길이 진리의 길이 아닙니다.

진리는 어디에나 있고
진리의 길은 수없이 많되
아무 것이나 진리가 아니요
아무 길이나 진리의 길은 아닙니다.

진리는 있는 곳에만 있으며
진리의 길은 오직 있는 방법으로만 있습니다.
진리는 무한히 많고 크되

쉽게 눈에 뜨이지 않으며
진리의 길은 정해져 있지 않으나
아무렇게나 있지 않습니다.
나의 안과 밖, 가까이 멀리
온통 진리로 꽉 차있습니다.
그러나 그 것은
준비가 되어 있는 사람에게만 나타납니다.

진리의 길은 어디에나 있습니다.
어디에서 시작해도
어느 방향으로 가도 진리의 길입니다.
그러나 그 길은
준비가 되어 있는 사람에게만 보입니다.

욕심이 없고 깨끗한 마음을 가진 사람에게만
고요하고 맑은 정신을 통하여
- 마치 말없이 찾아오는 손님처럼 -
진리와 진리의 길이

슬며시 찾아오고 드러납니다.

인간은 깨닫는 만큼 신에 가까워진다

인간은 이 우주에서 차지하는 위치만큼
신에 가까이 있습니다.

인간에게 주어져 있는 지적 능력만큼
신에 가까이 갈 수 있고
노력하여 깨달은 만큼
신의 가까이에 있게 됩니다.

이 우주에서의 인간의 육체적 위치는
큰 방의 구석에 떠돌고 있는
먼지 정도에 지나지 않습니다.

은하단, 은하계, 은하, 태양계, 지구, 그리고 인간.
137억 광년, 곧 10의 27승 미터의 크기 중
2미터 정도의 크기입니다.

이 우주에서의 인간의 정신적 위치는
신의 영역인 진리를
얼마나 깨달을 수 있느냐 하는 수준입니다.

그리고 이 우주상에서의 인간의 총체적 위치는
이러한 인간의 정신이 육체를 이끌고 나가며

정신을 얼마나 늘려갈 수 있느냐 하는 정도입니다.

신과 인간과는
특별히 맺어진 줄이나 교신의 채널이 없습니다.

나무가 자리한 위치에서
뿌리와 잎을 통해서 땅과 햇빛을 접촉하듯
인간도 처한 육체와 정신의 위치에서
우주와 신을 접촉하게 됩니다.

신이 인간만을 특별히 만들었고
인간만을 특별히 위한다고 생각하는 것은
인류 스스로가 만든 이기심이거나 자만심이며
무명에서 나온 신에 대한
맹목적인 아부요 매달림에 불과합니다.

인간이 스스로의 위치를 정확히 알아
신에 의탁할 것은 의탁하고
스스로 해결할 것은
게으름과 기만 없는 성실함으로
스스로 해결해갔으면 합니다.

신앙 – 아는 것이 믿는 것보다 먼저이다

신앙에 있어서
알고 나서 믿어야 하는가, 믿어야 알게 되는가.

알지 못하고 믿으면 맹신, 맹종이요
알고서도 믿지 않으면
속이 빈 허구가 됩니다.

알지 못하면 진정으로 믿지 못하고
믿지 못하면 진정으로 알지 못합니다.

믿지 못하면 앞으로 발을 내디딜 수 없고
조금도 알지 못하면
발을 내디딜 마음조차 갖지 못합니다.

전혀 알지 못하고 발을 내디디면
허방에 빠질 위험이 크고
완전히 알고 난 뒤에 발을 내디디려 하면
한 발도 나아갈 수 없습니다.

먼저 조금은 알아야 합니다.
그리고 발을 내디디며 확인하면서 믿음을 키우고
또한 믿음을 키우면서 더욱 확실히 아는
세밀한 과정들이 반복되어지게 됩니다.

크게 믿어야 단단히 딛고 설 수 있습니다.
확실히 믿지 못하면
서 있는 것이 불안하고
다음 발을 내디딜 수 없습니다.

불확실한 앎 속에서 계속해서 앞으로 나아가면

확신의 정도는 줄어들고
잘못된 위험에 깊이 빠져들어 갈 가능성이 커집니다.

맹신과 맹종은 종교를 허하게 하고
의심으로 가득 찬 신앙은
허방 위에서 편안을 찾으려는 것과 같습니다.
확실한 앎 속에 확실한 신앙이 있습니다.

삶은 촛불입니다

삶은
촛불입니다.
자기를 태워 세상을 밝히는
촛불입니다.

타면서 흘리는 촛농은
이웃을 위해 흘리는
땀과 눈물입니다.

몸을 다 태운 뒤 타고 가는 검은 심지불은
최종을 정리하고 떠나는 영혼입니다.

신을 사유화하지 마십시오

신을 사유화하지 마십시오.

신은 어느 개인의 것도
어느 특정 민족의 것도
지구상의 인류만을 위한 것도 아닙니다.

신을 나만을 위해 있다고 생각하며
자기중심성에서 벗어나지 못한 자들이여
캄캄한 무지의 세계에서 벗어나십시오.
진정으로 각성하고 깨달아
밖으로 나오십시오.

신은 결코
당신들만을 위해 있지 않습니다.
당신들이 당신들 자신만을 위해 있을 뿐입니다.

신을 당신만을 위해 있다고 단둘이 묶어 매려는 것은
결코 그렇게 되지 않을 뿐만 아니라
당신 스스로 함정에 빠지게 될 위험이 큽니다.

당신 스스로 삭은 새끼줄로
하늘의 구름에 몸을 묶은 채
깊은 골짜기로 뛰어듦과 같은 것입니다.

기도

기도는 신에게
자기의 말을 들어주도록 요청하는 것이 아닙니다.

기도는 신에게
자기가 원願하는 것을 받아들이도록
강요하거나 애걸하는 것이 아닙니다.

기도는
거짓과 교만을 없애고
욕심없고 깨끗한 마음으로 그의 상像앞에 앉아

그를 증거로 하여
잘못을 고백하고 회개 반성한 후

자기가 처해있는 위치와 원하는 목표를 정확히 깨닫고
처해있는 위치로부터 목표에까지
가장 옳고 선하게 가는 방법을 찾아내는 과정입니다.

과거를 되돌아보며 반성하고 미래를 바르게 가기 위한
각성의 시간입니다.

기도는 힘을 줍니다.
기도는 가야할 길을 올바르게 보게 하고
어려움을 해결하게 하는 능력을 줍니다.

신은 공평합니다.

신은 어느 누구를 더 편애하지 않습니다.
어느 민족, 어느 국가, 어느 종파만의 기도를
특별히 들어주지도 않습니다.

신은 그렇게 임의적이지도 않고
또한 그러할 정도로
무능하고 한가하지도 않습니다.

신은 이 우주를 그처럼
불완전하게 만들어놓고 불안해하며
지상의 일 하나하나 지켜보며 기록 심판하고
기도 요청하면
기존 질서를 바꾸면서까지 들어주곤 하지 않습니다.

신은 이웃, 우주와 조화되면서
간절하게 원하고 열심히 노력하면
이루어지도록 우주 내에 만들어 놓았습니다.

선善한 마음, 우주의 질서에 조화되는 마음
진리에 부합되는 마음으로 구하는 것은
노력하는 만큼
자연과 우주를 통해 얻을 수 있도록 해놓았으며
결정에 대해서는 스스로 책임지도록
자유와 책임과 지능을 각자에게 주었습니다.

그래서 게으름과 무지와 잘못된 선택은
전적으로 개인의 책임이 되는 것입니다.

삶과 죽음은 동전의 양면과 같은 것

시작이 있으면 끝이 있고
끝이 있으면 시작이 있는 법.

삶이 있으니 죽음이 있고
죽음이 있으니 삶이 있다.
죽음이 없는 삶은
앞면이 없이 뒷면만이 있는 동전과 같다.

앞면이 있으면 뒷면이 있듯이
살아있음이 있으면 죽음이 있다.

그래서 삶을 기쁨과 즐거움으로 살아가야 하듯이
죽음도
응당 있어야 할 것으로 받아들여야 하는 것이다.

중용과 중도

인간은
정신이 육체에 기거하는 형식으로 존재합니다.
그러나 육체의 주인은 정신이며
정신이 육체에 앞서 이끌고 갑니다.

육체는
항상 변하면서 유한 상대적인 물리세계에 속해

언제나 적절한 상태에 맞추어져야 합니다.

정신은
영구불변하는 무한 절대적인 신의 세계에 속해 있어
무한으로 나아갈 수 있습니다.

인생은
정신을 늘리고 육체를 줄이는 과정입니다.
그래서 정신이 목표가 되고 육체는 수단이 됩니다.

정신만 챙기면
육체가 부실해져 정신을 키워갈 수 없고
육체만을 위하다 보면
기가 설치게 되고 정신이 희미해져
인생의 참 목표를 추구하지 못하게 됩니다.

육체적인 현실을 목표로 하면
상대적 세계에서 중용이 선택의 기준이 되지만
정신의 늘림이 인생의 목표가 되면
육체를 정신과 조화시키면서
중도가 선택의 기준이 됩니다.

그래서 일상 언제나
정신으로 진리를 늘려갈 수 있도록
육체의 상태를 청결하게 유지시켜 가게 됩니다.

육체에 대해 절제적인 생활인 중도의 생활은

개인에게 청정 평온한 생활을 가져오게 함은 물론
인류 전체에 평화를 가져다주게 됩니다.

물질 속에서는 참-진리를 찾을 수 없다

두뇌와 가슴을 부수고 헤적여
영혼과 마음을 찾으려는 사람들이 있습니다.
마치 해골에서 진리를 찾고
쓰레기통에서 진주를 찾으려는 자들과 같습니다.

물질은 아무리 헤비어도 물질입니다.
거기에는 결코 영혼이 없고
삶이 없고 진리가 없습니다.
마치 타버린 뒤의 재와 같습니다.

영혼과 살아있음은 외부와의 교류에 있고
진리는 분해보다는 합치는데 있습니다.
그리고 최종적으로 이 모두는
이 우주 전체를 살아서 돌아가게 하는
신의 존재에 있습니다.

물질은 나누고 아무리 나누어도
오직 물질일 뿐이고
거기에서는 정신을 찾을 수 없습니다.
오감으로 느끼는 물질 뿐입니다.

물질의 본질은 에너지입니다.
에너지가 이렇게 저렇게 수없는 단계의 구조로 뭉쳐져
다양한 형질의 물리적 개체들을 만들어냅니다.
그리고 갖가지 법칙들을 드러냅니다.

인간이 에너지 이전을 볼 수 있다면
신을 볼 수 있을 것입니다.
그래서 물질을 끝까지 나누어 가거나
우주의 끝을 넘어서 보면
시공간이 애매한 경계가 나타나고
물질은 슬며시 사라지면서
정신의 영역이 나타납니다.
눈으로만 확인하려는 자에게는 아무 것도 보이지 않는
정신의 세계이지요.

인간의 정신세계는 신의 세계의 일부입니다.
그래서 정신은 신을 만나는 창구가 됩니다.
신을 느끼고 신의 활동을 감지하고
신의 창조물을 이해하는 이어짐이 됩니다.

마치 예술작품에 제작한 사람의 혼이 담겨지듯이
우주에 신의 혼이 담겨 있고
인간에 신의 뜻이 담겨 있어
인간은 주인을 인식하고
자연과 법칙을 인식하는 존재가 되는 것입니다.

진리는 연결에 있습니다.

끊어짐에 있지 않습니다.
조각내고 분해하고 나면
이어짐은 끊어지고 부스러기는 떨어져 나가
진실, 진리는 조금씩 도망쳐 버리고 맙니다.

그래서
우주가 전체 하나로서 순환하듯이
부분 진리들은 부지기수이면서
온전한 참 진리는 하나이며
부분 진리들은 온-진리를 전제로 해서
참-진리가 되는 것입니다.

물질, 물리세계는 진리를 찾아가는 하나의 도정이 될 수는 있습니다만 진리의 세계 자체는 아닙니다. 물질의 세계에 숨겨져 있는 자연법칙 속의 이치를 통하여 부분 진리들을 이해하고 이러한 부분 진리들을 종합하고 확장하여 온전한 참-진리로 나아가는 길이 될 수 있습니다. 오감에 의지하여 물리세계의 변화에만 머물면 온-진리는 찾아내지 못합니다. 아니 도리어 물리세계에서 주는 변화와 막힘 속에 갇혀 참-진리를 보지 못하고 혼란과 어둠 속에 방황할 수가 있습니다. 그래서 물질에서 진리를 찾는 자는 결국 참-진리, 온-진리를 찾지 못하고 부분만을 보면서 방황하게 되는 것입니다.

진 · 선 · 미는 스스로 존재할 힘을 지닌다

신은 궁극적인 진 · 선 · 미이다.

신이 궁극적으로 진 · 선 · 미임은
그의 내용인 이치들이

영구적으로 불변하면서 옳게 있고
그에 부합되는 것이 가장 큰 선善이고
그의 피조물인 우주 자연이
견줄 수 없이 장엄하고 아름다움을 보면서 알 수 있다.

그래서

> 불교에서의 욕심 없는 사바세계나 기독교에서의 교만 없는 에덴동산이 본래부터 천국이었으며

신이 만들어내는 모든 것은
원래부터 참하고 아름답고 선하다.
인간의 욕심과 교만에 의한 더럽힘만 없다면
지상은 태초나 지금이나 천국이다.

그래서 신이 어느 것에 의해서도 해를 입지 않듯이
궁극적인 진 · 선 · 미는
어떠한 것에 의해서도 해를 입지 않으며
언제나 비폭력적으로 승리한다.

인간이 만들어내는 진 · 선 · 미는
궁극적인 진 · 선 · 미에 이르지 못한다.

궁극적인 진 · 선 · 미에 부합되는 것들은
원천적으로 신과 같이 하는 것들이기에
자신들을 지키기 위해
별도의 도움이나 힘을 필요로 하지 않는다.

그들은 항상 있는 그대로 스스로 있으면서
자연적으로 드러나게 되며
어떠한 과장이나 치장, 변명을 필요로 하지 않는다.

진 · 선 · 미를 지키기 위해
힘이나 폭력, 인위적인 노력이 필요하다고 생각하는 것은
그들이 궁극적인 진 · 선 · 미에 부합되는 것들이 아니거나
진 · 선 · 미가 궁극적으로 승리함을
확실히 알지 못하거나 확신하지 못하기 때문이다.

인간이 모두 평등하다는 증거

인간이 태어나면서
부모로부터 가지고 나오는
삶의 조건이나 개인들의 소질에는
다소의 차이가 있을 수 있습니다.

그러나 그러한 차이들은
일생을 살아가는데 있어서 그리
큰 몫이 못됩니다.

조금 좋고 나쁜 여건과
조금 일찍 또는 늦게 시작한 것의
차이일 뿐입니다.

인간이 살아가는데 필요한 의식주의 큰 문제들은

자연과 하늘이 해결해 줍니다.

개인들마다 누릴 수 있는 양이나 질에서의 차이는
그다지 크지 않습니다.

누구나 사는 동안에
비슷한 정도의 생로병사를 겪으며
같은 정도의 수명을 삽니다.

죽으면 누구나
아무 것도 가지고 갈 수 없습니다.
살기 위해서는 누구나 항상
무엇인가 노력하고 고민에 있어야 합니다.

신은 인간이 비슷한 정도의 노력으로 살 수 있도록
모두에 동등한 가치를 부여하면서
전 우주를 질서 정연하게 순환시키고 있습니다.

높은 곳과 낮은 곳, 밝은 곳과 어두운 곳
좋은 것과 나쁜 것, 장점과 단점들을
교대로 순환시키고 있습니다.

그래서 전체와 조화되어진 선한 마음과 사랑을 가지고
다소의 인내와 이성으로
서로 이해하고 협조하면서 노력하면
누구나 대등한 대가를 얻으며
만족될 수 있도록 해놓고 있습니다.

진정한 자유

자유에는 육체적인 자유와
정신적인 자유가 있습니다.
어떠한 것에 구속되지 않는다는 의미에서는
둘이 같지요.

그러나 육체적인 자유는
유한의 물리 공간 내에서 허용되는 상대적 자유이며
정신적인 자유는
무한의 신의 세계에서 누리는 무제한의 자유입니다.
진정한 자유는
마음의 자유, 정신적인 자유이지요.

이 자유는 육체처럼
상대적이며 한정된 시공간에서 즐기는 자유가 아닌
무한에서 즐기는 자유이기 때문입니다.

정신이 구속되지 않으면
육체도 구속되지 않습니다.
육체의 구속으로는
정신을 구속시킬 수 없습니다.

왜냐하면 정신은
물리적 시공간의 제약을 받지 않고
타인에 의하여 통제될 수 없기 때문입니다.

누구나 언제나
무한의 정신적 자유를 누리는 경지
아무런 걸림이 없는 자유자재하는 경지에
머무를 수 있도록 되었으면 합니다.

물질을 추구하는 자는 항상 어둠과 배고픔 속에 산다

물질의 세계에서는
1 더하기 2는 항상 3이 됩니다.
1.1 더하기 2.2는 정확히 3.3을 만듭니다.

어느 누가 무엇을 차지하면
다른 사람은 그 것을 차지할 수 없습니다.
그것을 포기하고
다른 것을 차지해야 합니다.

그러나 다른 것에 있어서도
또 다른 사람들과 경쟁해야 합니다.
그리고 그 다른 것들의 종류와 양은
전체적으로 제한되어 있습니다.

그래서 물질은 있는 것 내에서 유한하고
전체의 양에서 제한되어 있어
먼저 차지하기 위해서 서로 싸워야 합니다.

인간의 욕구는
물질을 무한히 소유할 수 있는 것으로 착각하여
여기저기에서 충돌을 일으키고
싸움을 벌입니다.

그러나 정신세계는 그렇지 않습니다.
시공간을 넘어 무한이며
보존의 법칙도 성립하지 않습니다.
1 더하기 2는
어느 때는 3보다 적을 수도 있지만
10을 만들기도 하고
100, 1,000, , …… 그 이상도 만들어 냅니다.

같은 생각을 어디의 누구나
동시에 가질 수 있습니다.
그래서 하나의 좋은 생각, 아름다운 생각을
무한히 많은 사람이 동시에 가져도
문제가 되지 않습니다.

정신세계에서는
나누어도 나누어도 무한으로 존재합니다.
퍼주어도 퍼주어도 끝이 없이 남습니다.

그래서 물질을 추구하는 자는 항상
투쟁과 배고픔 속에 살고
정신을 추구하는 자는 항상
나눔의 풍요와 더불어 평화 속에 살게 됩니다.

주관과 객관

인간은
자기가 가지고 있는 경험과 지식, 정보
그리고 현실적 여건이 주는 조건에 준하여 판단합니다.

각자는 서로 다른 조건에서 태어나고
서로 다른 것들을 보고 익히고 경험하며 살며
현재에 서로 다른 여건상에 있으면서
다른 것들을 목표로 하기 때문에
서로가 다르게 보고 다르게 판단하게 됩니다.

주관은 이와 같이 각자가
끊임없이 변하고 있는 물리세계 내에서
시공간의 제약을 받으며
다른 부분들을 보고 생각하는 것이 첫째 원인이요
다른 경험, 지식, 의지에 의하여
같은 것이라도 다르게 해석하고 판단하는 것이
둘째 원인입니다.

같은 것을 같은 조건에서
같은 경험과 지식, 의지를 바탕으로
보고 생각하고 판단한다면
모든 것이 같게 됩니다.

상호 공통적으로 의견을 교환하고
공동의 삶을 살아가기 위해서는

객관화가 필요합니다.

객관화는
동일한 것이 다른 위치, 다른 주관에 따라
다르게 해석되지 않게 하는 것이며
물리적 시공간에 제약되지 않는
참한 이치가 무엇인지를 찾아가는
중요한 과정이 됩니다.

객관화 없이는
사람들이 공통의 생각을 가질 수 없고
공동의 삶의 장을 마련할 수 없어
같이 살아갈 수 없습니다.

객관성을 크게 추구할수록 더욱
개인적인 어둠과 혼란에서 벗어나
밝고 큰 진리의 세상을 얻게 되며
상호 이해가 증진되고
충돌이 적게 일어나게 됩니다.

철저히 깨달은 자는
모든 것을 있는 그대로
객관적으로 보고 객관적으로 생각하는 자입니다.

완전히 해탈한 자는
부분과 변화에 얽매이지 않고
주관적인 나와

상대적인 물리세계의 시공간에서 완전히 벗어나
전체와 낱낱을 철저히 객관적으로 보면서
생활해가는 사람입니다.

없는 것과 모르는 것은 다른 것이다

인간은
흔히 못 보는 것, 모르는 것을 없다고 합니다.
그러나 많은 못 보는 것, 모르는 것들이
인간의 노력에 의하여
볼 수 있게 되고 알 수 있게 되어 왔습니다.

인간이 못 보고 모르는 것은
진실로 없는 것일 수도 있고
능력이 모자라
못보고 모를 수도 있습니다.

인간의 능력은 계속하여 개발되어 가고
지식은 넓어져 갑니다.
안 보이던 것이 보이고
모르던 것을 알게 됩니다.

그러나 영원히 모를 것도 있습니다.
세월이 영구하게 주어지고
인간의 능력을 최대한 사용한다고 하여도
영원히 볼 수 없고 알 수 없는 것이 있으며

또한 실재로 없는 것도 있습니다.

가장 위험한 단언은
자기가 보지 못하고 알지 못한다고 해서
없다고 하는 것입니다.
이는 인간의 무지와 자만, 인내력의 부족에서 옵니다.
그래서 인간에게는
지혜와 겸손이 필요한 것입니다.

그러나 인간 중에 어떤 현명한 자가 있어
진정으로 없는 것과 능력에 의하여 알 수 없는 것을
구분할 수 있을까요.

그럼에도
자기가 모른다고 없는 것으로 해버리거나
남도 모르는 것으로 해버리고
피상적으로 아는 것을 완벽하게 아는 것으로 해버리는
독단과 게으름만은 없었으면 합니다.

깨달아가는 과정에 너무 일찍 이성을 놓지 마라

강을 건너는 자여
너무 일찍 배와 노를 버리지 마십시오.

배와 노는
당신을 강을 건너 저편에 이르게 하는

유일한 도구입니다.
어설피 일찍 그들을 버리면
당신은 물에 빠져 허우적거리거나 죽을 수도 있습니다.

진리를 깨우치려고 수행하는 자들이여
마음과 이성理性을 너무 일찍 포기하지 마십시오.

그들은 당신에게
물질과 생명, 인간의 세계를 헤치고 나가
무한 진리의 세상에 이르게 하는
유일한 도구입니다.

오직 유의해야 할 일은
강을 건넘에 있어서 키와 노를
온갖 바람과 파도에 잘 맞춰 쓰는 것
깨달음을 얻는데 있어서는
욕심과 환幻, 사념에 빠지지 않고
정신과 이성을 가다듬어 일념, 정진하는 것.

당신이 완전히 강을 건넜다고 생각하거든
배와 노를 버리십시오.
조금도 주저 없이 버리십시오.

당신이 완전한 깨달음을 얻었다고 확신하거든
당신을 그곳까지 이끌고 간 마음과 이성을 버리십시오.
조금도 남김이 없이 일체의 잔재도 없이
버리십시오.

아니 이 때쯤이면
그들은 저절로 없어질 것입니다.

그러면 당신에겐
사량, 분별하는 번뇌가 사라지고
전체가 당신에게 들어와
당신이 전체가 되고
전체가 당신이 될 것입니다.

그런즉 당신은 진정으로
조금도 걸림과 장애가 없는
무경계, 무분별의 세계에 들어가
평등, 평온, 평화, 성성적적, 모든 존재성을 넘어서
해탈 성불하게 되실 것입니다.

형식보다는 내용의 추구를

형식은 외부적인 구조의 틀
밖으로 드러나는 겉모습.

눈으로 보이는 것은 구조와 형식을 위주로 하기에
내용을 정확히 알 수 없는 것.

에너지가 최초의 알갱이로부터 수많은 단계와 차원을 거치며
물질과 물체를 이루어내고
인간은 중간 수준의 세계에 살고 있기에

사람이 보고 느끼는 것은
인간 세계 수준에서의 피상적인 것들.

더 많은 단계와 차원을 거칠수록
구조에 따라 모양과 성질은 복잡해지고 다양해지며
근저로 갈수록 그들은 통합되어 가며 단순해지는 법.

그래서 내용을 계속하여 좇아가면
형식의 복잡성이 줄어들면서 원천적인 것을 찾아가게 되고
형식만을 좇다보면
껍데기만을 추구하면서 내용을 잃게 된다네.

과일과 곡식들이
알맹이가 커가고 영글면서
껍질이 형성되고 굳어져 가듯이
내용이 주어지면서
형식이 그에 맞게 만들어지는 법.

내용이 우선이고 형식은 나중이라네.

형식이 먼저 만들어지고
그에 맞게 내용을 채우려 하면
내용이 계속해서 변하거나 커가기 어렵고
때로는 빈 공간이 발생하거나
잘못된 것, 이질적인 것들로 채워져
내용과 외부의 모습이 일치하지 않게 된다네.

눈에 보이는 외양만을 우선으로 취급하며
남을 속이려 하지 말고
내용을 우선으로 취급하며
자신을 꽉 찬 알맹이로 만들어 갔으면 하네.

잘못된 앎은 가장 위험하다

무지에는 크게
두 경우가 있습니다.

하나는 진실을 알지 못하는 경우이고
다른 하나는 실재를 다르게 아는 경우입니다.

진실을 알지 못하는 경우는
자기가 알지 못하고 있다는 것을 아는 경우와
자기가 아는 것이 확실하지 않다는 것을 아는 경우와
자기가 아는지 모르는지 모르는 경우가 있습니다.

실재를 다르게 아는 경우는
잘못 알면서 제대로 알고 있다고
확신하는 경우입니다.

위 넷 중에서 첫 번째가 가장 안전하고
다음과 세 번째가 순서대로 안전하고
마지막의 잘못된 확신의 앎은 가장 위험합니다.

잘못된 앎은 잘못된 결정을 거침없이 내리고
의심 없이 잘못된 길을 가기 때문입니다.

진리가 이끄는 사랑을 하자

사랑은 머리로 하지 않고
가슴으로 하는 것입니다.

그러나 가슴이 머리에 가까운 것은
진리로 이끄는 사랑을 하라는 증표입니다.

진리가 한발 앞서 사랑을 끌고 나가
맹목적이고 이기적인 사랑이 되지 않게 하고
진리에 사랑이 따라가
메마른 진리가 되지 않도록 하라는 것입니다.

사랑이 땅에 치우치면 맹목적이 되며 쉽게 썩습니다.
그러나 너무 하늘에 기울면 메말라버립니다.

사랑은 마치 식물이
하늘에서 빛을 받고 땅에서 물을 얻어 양분을 만들듯이

하늘이 주는 진리와 흙이 주는 양분으로
가슴에서 뜨거운 피를 만들어

내 몸에 영양을 나르고 이웃까지 따뜻하게 덥혀

생명을 살아있게 하라는 뜻입니다.

언제나 좋은 생각에 머물러라

생각은 쉽게 언행으로 나타난다.

생각은 나도 모르는 사이에
말로 흘러나오고 행동으로 옮겨진다.

마음에 나쁜 생각을 품고 있으면서
나오는 것을 통제하려 하지 말고
좋은 생각만을 담고 있으면서
언제나 좋은 말과 행동들이 저절로 이루어지도록 하자.

누가 언제 어디서나 옆구리를 꾹 찌르고 물어도
'나 이런 생각하고 있었소' 하고
자연스럽게 말할 수 있는 상태에 머물러 있도록 하자.

몸 전체를 진리 덩이로

진리여 몸에 배어라.
샅샅이, 골골이 배어라.
조금도 불순물이 없도록 하고
몸과 골에 꾹꾹 꽉꽉
골골이 샅샅이 배어라.

그래서 진리를 깨달아가는 동안
나의 온 몸이
참한 진리 덩이로 숙성되게 해다오.

머리와 혀로만 하는 진리가 아닌
몸 전체로 하는 진리가 되도록
전 몸이 완전하게 숙성되어진
진리 덩이가 되게 해다오.

그래서 하는 말, 하는 행동, 꾸는 꿈마저
조금도 진리에서 벗어나지 아니하고
언제 어느 곳에 있어도
진리로 살아갈 수 있도록
몸 전체가
완전한 참 진리가 되게 해다오.

그래서 나의 모든 삶이
진리에 의해서 보고
진리에 의해서 생각하며
진리에 의해서 말하고
진리에 의해서 행동하도록 해다오.

이제는 진리의 빛을 발하라

진리의 빛을 발하라.
온 몸으로 진리의 빛을 발하라.

진리 덩이인 온 몸을 통하여
빛을 발하라.
그래서 내 주위와 이 세상을
환하게 비춰다오.

어두운 곳, 습기에 차있는 곳이 없도록
모든 곳을 밝고 맑고 깨끗하게 하면서
전체 정신으로 살아있게 해다오.

인간에게서
어떠한 고난과 고독과 슬픔이 없게 하고
모두가 희망과 기쁨, 청정함에서 살아가도록
광명의 빛을 발해다오.

이 세상을 천국과도 같이
항상 기쁨이 넘치며 평온하고 평화롭게 하고
세상 사람들을 천사와도 같이
항상 희망과 즐거움에 차있게 해다오.

진리 숙성 과정에 나타나는 주문들 - '그 누구라도'

그 누구라도
내 얼굴을 한번만 보아도

그 누구라도
내 눈빛을 한번만 부딪쳐도

그 누구라도
내 음성을 한번만 들어도

그 누구라도
내 어깨를 한번만 스쳐도

그 누구라도
내 손목을 한번만 잡아도

그 누구라도
내 이름을 한번만 불러도

고요, 청결, 경건함이 찾아오고
풍요와 평온함을 느끼고
진리와 만유의 평화를 위하여
삶을 살겠다고 하는 마음이 생기도록

나에게 능력을 주옵소서.

서정抒情편

태초에는 어느 것에도 이름이 없었다

이 우주의 어느 것에도
태초에는 이름이 없었다.
그들은 거기에 그저
무명無名으로 있었다.

인간의 눈에 띄자 그들은 하나 둘
이름이 붙기 시작하였다.
발견한 자가 좋아하는 대로
그렇게 보이기 때문에
희망을 담아서.

이름이 붙고 난 후 그들은
이름대로 되었다.
그리고 인간에게
모든 것을 내맡기고 말았다.
그들의 모양과 성질, 목숨까지도.

크다 작다
아름답다 추하다
쓸모가 있다 없다.
그들이 그렇든 그렇지 않든
원하든 원치 않든
발견한 자의 뜻대로 되었다.

붙여진 이름과 형용어는
이웃으로 이어져
서로 가족이 되고
적이 되기도 하였다.

하느님은 인간을 낳은 아버지가 되고
우주는 인간을 위한 놀이터가 되며
지구는 인간을 위한 집이 되었다.

그리고 인류는 지구에 군림하는 왕이 되어
자기들만을 위한 세계로 만들어 가고 있다.

인류는 어디로 가고 있는가

인류는 어디로 가고 있는가?
지금 어디쯤 가고 있을까?

그들은 자기의 목적지를 알까?
무엇을 위해 어디를 향해 가고 있는지 알까?

그들은 이런 것들엔 관심이 없는 것일까?
그들은 목적지나 방향에는 관심이 없는 채
오늘의 삶에만 집착하여
아니면 오직 더 빨리, 더 멀리만을 목표로
앞으로 나아가고 있는 것일까?

주는 자가 받는 자보다 더 복이 있다

인도에는
'받는 사람이 주는 사람에게
"덕을 베풀 기회를 준다"는 말'이
있습니다.

주는 사람은
마음이 넉넉한 사람입니다.
많이 크게 주는 사람은
마음이 풍족하여 넘치는 사람입니다.
마음이 넉넉하고 넘쳐야 줄 수 있습니다.

물질적으로 넉넉하고 남아야
줄 수 있는 것이 아닙니다.

물질이 부족해서 못준다고 하는 것은
사실은 마음이 부족해서입니다.

마음이 부족하면
물질이 아무리 많이 있어도
조금도 줄 수 없습니다.
조금은 준다 하더라도 물질만 주지
마음은 주지 못합니다.

어떠한 것도 줄 때에는
마음과 같이 주어야 합니다.

물질만 주면
받는 고마움을 느끼지 못합니다.

적게 주어도 마음과 같이 주면
엄청 많이 준 것과 같습니다.

> 받기만 하려는 사람은 부족한 사람입니다.
> 어디엔가 마음이 결핍되어 있는 사람입니다.
>
> 남의 것을 탐내는 사람은
> 결핍되어 있는 마음이 허기증이나 병으로 변한 사람이며
>
> 남의 것을 빼앗거나 도둑질하는 사람은
> 병으로 변한 결핍증이 악으로까지 진전된 사람입니다.

줄 때는
아무런 조건이 없이 주어야 합니다.
조건이 있으면 거래가 됩니다.

준 것은 기억에 남기지 말아야 합니다.
기억에 남기는 것은
준 것을 아깝게 생각하고
더 많이 되받고 싶은 욕망이 있기 때문입니다.

받는 사람은 인간의 복을 받는 것이지만
주는 사람은 하늘의 복을 받습니다.
그래서 주는 기쁨이 받는 기쁨보다
더 크고 오래 갑니다.

마음도 주고 물질도 주고
주는 것이 일상적으로 이루어진다면
이 세상은
풍요가 넘치는 천국이 될 것입니다.

사람의 갈등은 어디로부터 오는가

사람의 갈등은 어디로부터 올까요.
정신과 육체를 같이 가지고 있기 때문입니다.

머리는 하늘로 향하고 몸은 땅에 붙어 있어
생각은 언제든 무한의 하늘로 날아가려 하고
육체는 잠시도 땅을 떠나지 못합니다.

정신이 없으면 하나의 돌
육체가 없으면 공중을 떠도는 귀신.

사람은
정신과 육체를 함께 가지고 있어
하늘에서 신의 빛을 받고
땅으로부터는 흙의 양분을 얻어
가슴에서 빚고 덥힌 뜨거운 피로
요동치는 마음을 안고 살아가는
운명이랍니다.

당신과 나의 신은 별도로 없다

신은 오직 하나입니다.
당신의 신과 나의 신이 따로 있지 않습니다.

당신의 신이 있고 나의 신이 따로 있다면
당신과 나의 뿌리는 다르고
당신과 나는 영원히 같이 할 수 없는 존재가 됩니다.

각자에게 신이 있고 신이 사람마다 다르게 보이는 것은
신의 큰 전체를 보지 못하고 서로 다른 부분들만을 보면서
욕심과 주관에 따라 다른 신을 그리기 때문입니다.

신이 자기 또는 자기편만을 위해 있다고 생각하는 것은
이기심으로부터 나오는 것입니다.
남을 염두에 두지 않고, 넓은 주위를 보지 못하고
자기만을 위한 깊은 욕심의 어둠에 빠져있기 때문입니다.

생명은 흐름입니다

강에 물이 흐릅니다.
헤일 수 없이 많은 물방울들의 이어짐입니다.
그 위에 배가 떠내려갑니다.

우주에 시간이 흐릅니다.
강변사(江邊沙) 같은 찰나 시간들의 연이음입니다.

그 위에 생명들이 실려 갑니다.

제트기가 공중에
희미한 자국을 새기며 날아갑니다.
삶들이 시간의 벨트위에
사건의 흔적들을 남기고 사라져갑니다.

희미한 자국도 조그만 기억도
끝내 지워지고 맙니다.

생명은 끊임없이 흐르는
시간 위의 흐름입니다.
때로는 조용히
때로는 굽이치며 소리 내어 흐르는
하나의 강줄기 같은 흐름입니다.

내 마음이 고와야 아름다움을 본다

내 마음은 우주가 잠겨있는 호수
내 눈은 자연이 비쳐드는 거울

내 눈이 맑아야 아름다운 경치를 보고
내 마음이 아름다워야 우주의 본성本性이 비쳐든다.

내 눈이 병들거나 왜곡되어 있으면
보이는 것도 병들고 왜곡된 것들 뿐.

내 마음이 참하고 아름다우면
이 세상은 온통 기쁨과 진선미로 가득 차있는 걸.

악한 자의 눈에는 악마만이 보이고
선한 자의 눈에는 천사만이 보인다네.

그러나
내 마음과 내 눈을 갈고 닦는 것은 본인의 몫

스스로 갈고 닦지 아니하면서
어찌 아름다움을 찾으리오.

남을 해치는 일은 자기를 해치는 일이다

이 우주는
전체가 하나로 순환합니다.

모든 것이 이어지고 맞물려
하나로 연결되어 있습니다.

그래서 어느 한 곳을 더럽히면
그 더럽힘은 자신의 주위를 더럽힘이 되고

주위의 더럽힘은 결국
자신을 더럽힘이 되며

남을 해하는 일은
자기를 해하는 일이 되어
결국 본인에게로 되돌아오게 됩니다.

그래서 남을 욕하고 해치는 일은 결국
자기를 욕하고 해치는 일이 되는 것입니다.

물질에 함몰되면 물질과 함께 가버린다

물질은 끊임없이 변합니다.
강의 물이 이리저리 뒤섞이며 계속 흘러가듯
물질도 이리저리 뒤섞이며 시간을 만들며 변해갑니다.

그래서 강물의 흐름에 자기 몸을 맡기면
강물과 같이 흘러가버리듯
물질에 함몰되어 살다보면
물질의 변화와 같이 삶도 흘러가버리게 됩니다.

그러나 이치의 세계, 진리의 세계는
조금도 변하지 않고 항상 옳은 채로 있습니다.

물질에서 빠져나와 진리와 함께 생활한다면
물질의 변화와는 별도로 삶을 살아가게 됩니다.

그래서 물질만을 즐긴 자는
죽은 뒤 아무런 남김이 없이

물리세계의 변화와 함께 가버리고
정신을 즐긴 자는
죽어서 영혼으로써
그가 깨달았던 진리만큼 족적을 남기고 가는 것입니다.

그래서 완전한 진리인 신은
영구히 죽지 않고 항상 옳은 채로 있으며
성인들은 깨달은 진리만큼 살아남아
인류를 이롭게 하는 것입니다.

언제나 보지 못하는 영역이 있음을 염두에 두라

언제나 보지 못하고 알지 못하는 영역이 있음을
염두에 두십시오.

그러면 삶에서 여유가 있고
실수를 크게 줄일 수 있을 것입니다.

오감은 항상 불완전하다는 것
주의력은 언제나 산만해있다는 것
보려고 해도 볼 수 없고
느끼려고 해도 느낄 수 없는 부분이
너무도 많다는 것

이것을 알고 살아가는 자는
언제나 겸손함을 갖추고

남을 고려해 넣으며 주의력을 집중하여 살아가기에
큰 실수를 하지 않을 것입니다.

자기 기만

말과 행동, 생각과 말,
속임이 있는 생각과
조금의 속임도 숨어 있지 않는 생각.
나에게 있어서 그들 모두는 일치하는가.

행동은 말에 일치하고
말은 생각에 일치하고
생각은 조금도 속임이 없는
깨끗한 생각에 일치하는가.

내가 하면 사랑 남이 하면 불륜
나는 해도 좋고, 남은 해서는 안 되고

나는 특권이 있어서 어느 것이나 해도 좋고
나는 모두를 이겨야 하고
나는 누구보다 많이 가져야 하고
나는 다른 사람보다 좋은 조건에 있어야 하고
나는 본래 여건이 나빴고
원래 운이 없었고

나는 어느 누구보다 순수, 진실, 공평하고

많이 노력해왔고
어려움을 많이 참아왔고
나는 적게 노력하면서도 크게 성공해야 하고
남은 불행해도 나만은 필히 행복해야 하고,

남몰래 하다 발각되면
시치미나 거짓, 정당화, 우격다짐
힘들고 어렵다고 생각하면
자기 합리화

자기의 몫은 작게
남의 몫은 크게 보이며
자기의 흠, 잘못은
태생적으로 보지 못하거나 작게 보려 하며
남의 흠, 잘못은
잘 찾아내고 크게 보려 하는 자세

남을 속이며
이익을 차지하거나 목적을 달성하려 하며
게으름과 노력 부족에 대한 핑계들.

자기에게 주어진 양심의 거울을
더럽혀진 대로 두거나 아예 접어둔 채
스스로를 속이며 핑계를 찾는 모습들.

조금도 자기기만이 없다면 어찌
판사의 재판이 필요하고

하느님의 심판이 필요할 것인가.

남을 속이려 않기 이전에
자신을 속이려 하지 않는다면
이 세상은 밝고 투명한
믿음의 천국이 된다네.

남의 입장이 되어보라

입장을 바꿔보십시오.
그러면 동일한 것이 다르게 보입니다.

옆에서 보면 사각형 모양이고
위에서 보면 원 모양이나
이리저리 둘러보면 원기둥입니다.

나의 입장을 떠나 상대편에 서보십시오.
그러면 상대편이 나에게 대해오는 그대로가 보입니다.
너와 나와 아무런 관계가 없는
그의 입장이 되어보십시오.
그러면
너와 네가 가지고 있는 상호의 이익 관계가
아주 공정하고 공평한 모습으로 나타납니다.

인류에게
너와 우리들 그리고 그들의 입장이 되어보는 것이

습관화되기만 한다면
이 세상에서 일어나고 있는 전쟁과 투쟁, 갈등의
대부분이 해소될 것입니다.

매사에 진지하라

어떠한 일이나 누구와 관련된 일이나
성의를 가지고 최선을 다하십시오.

겉 넘지 마라, 헛웃음치지 마십시오.
건들거리지 마라, 비아냥거리지 마십시오.
빈정거리거나 빤질거리지 마십시오.

그러한 것들은 모두
사회를 삭게 만들고
헛힘 쓰이게 하고 무관심하게 하며
냉담, 냉소적이게 만듭니다.

매사에 진지하십시오.
모든 일에 애착을 가지고 진심을 다하십시오.
진지함, 진솔함이야말로 당신의 최선의 품격이요
당신에게 신뢰를 가져다주는 첫 걸음입니다.

과한 것보다 부족한 편이 낫다

상대적인 물리의 세계에서는 언제나
적정한 수준이 있습니다.

물리적인 존재들은
커졌다 작아졌다 할 수는 있지만
일반적으로는
없는 것으로부터 시작해서
작은 것을 거쳐 큰 것으로 진전해갑니다.
그리고 이 우주에서
자기 위치에 맞는 적절한 수준에서 머물며
개체성을 유지해갑니다.

적은 것은 보충할 기회가 있습니다.
그러나 넘어서면 탈이 납니다.

소금을 너무 많이 넣으면 음식을 버리게 되고
너무 과하게 먹으면 설사나 병을 가져오게 되고
술을 너무 마시면 술에 의하여 지배를 받게 되며
너무 큰 힘을 주면 부러지거나 부서지고
공기를 과하게 불어 넣으면 터져 버리고
과속을 하면 사고로 죽을 염려가 있으며
재산을 너무 많이 가지면
재산에 의하여 휘둘리거나 그에 파묻히게 되며

이성異性의 사랑에 너무 깊이 빠지면

눈이 멀어 아무 것도 못 보게 됩니다.
아무리 좋은 일도 과하면
하지 않은 것만 못함을 아는 것이
헤아림의 근본이 되며
적절한 수준을 알고 지켜감이 세상을 살아가는
절제 절도에 대한 절정의 현명함이 됩니다.

불행하지 않을 때 행복함을 알라

인간의 단점은
불행은 절실히 느끼나
행복은 쉽게 느끼지 못한다는 것.

행복할 때 행복함을 모르면
불행할 때에
자기에게는 불행만이 찾아오는 것으로 생각하여
더욱 불행해지리라.

행복할 때 행복함을 아는 것은
그 때 즐거움에 있음은 물론
자기에게도 불행할 때가 있을 수 있음을 알고
불행함을 대비하는 마음이 생기면서
불행함이 와도 참고 견디는 힘이 준비되리라.

시간은 주관에 따라 다른 크기로 느껴진다

시간은 변화를 느끼는 것이다.
육체 내 외부의 변화들에 대하여
두뇌의 작용을 통하여
변화의 감지를 누적시켜가는 것이다.

그러나 그 계량화와 누적시켜가는 방법은
사건의 내용과 사람에 따라 다를 수 있다.

같은 사건임에도 불구하고
사람의 가치관과 관심의 정도에 따라
시간의 방향과 크기가 다르게 취급될 수 있다.

어떠한 사람은
건물의 세워짐을 시간의 방향으로 잡고
어떠한 사람은
건물의 무너짐을 시간의 방향으로 잡는다.

흥미있는 영화를 보는 사람은
시간이 빠르게 가고 있음으로 느끼고
고통을 겪고 있는 사람은
시간이 느리게 감으로 느낀다.

인류는 공통의 시간을 만들기 위하여
태양에 의한 그림자의 방향과 길이
모래와 물의 흘러내린 양

지구의 자전과 공전
수정과 세슘 원자의 진동과 같은
균일하고 규칙적인 변화들을 측정하여

이를 세분화하거나
그 반복 횟수를 같은 간격으로 누적시켜
공통의 시간을 만들어왔다.

전 세계 인류가 현재
공통적으로 사용하고 있는 양력은
인간이 늙어가고 세대가 교체되는 것을
시간의 방향으로 잡으며
예수의 탄생을 시작년도로 하여
지구의 자전과 공전 주기를 중심으로
이를 세분화하거나 누적시켜가는 방법으로 만들어진
공동의 약속이다.

그러나 각자에겐
삶에 대한 다른 가치관이 있고
다른 밀도의 느낌이 있어
각자에게 느껴지는 시간의 크기는 다르다.

사랑의 네 가지 유형

물리적으로 존재함을 바탕으로 하여 나타나는
사랑의 유형에는

네 가지가 있습니다.

보편적인 사랑과 이성異性간의 사랑
핏줄적인 사랑과 이익적인 사랑이 그것들입니다.

그 중에서
보편적인 사랑은
자기에서 출발하여
이웃, 인류, 생물, 만물, 우주로까지 확대되는
만유에 대한 사랑이며

이성적異性的인 사랑은
둘이 합쳐 원래의 하나가 되려는
남녀 이성간의 사랑이고

핏줄적인 사랑은
후손을 통해 씨족을 계속 이어가려는
내림 사랑이고

이익적인 사랑은
자기의 영향력을 키워 삶의 영역을 넓히려는
집단 소속적인 사랑입니다.

이러한 사랑들을
물리 세계를 지배하는 네 가지 힘들에 비유하면

보편적인 사랑은

만유에 내재하고 있는 구심력적인 만유인력에
이성적인 사랑은
본래 하나였던 개체가 분리됨으로써 나타난
극성에서 오는 전자기력에

핏줄적인 사랑은
양극 분리의 과정에서 떨어져 나간
미소립자의 결합력과 관련된 약력에

이익적인 사랑은
강한 집단을 이루어 더 큰 얻음을 이루려는
핵력에 비유됩니다.

물질에는
존재를 위한 기본 특성으로서
4가지 힘들이 있듯이
생명들에게는 이처럼
살아있기 위한 기본 특성으로서
4가지 유형의 사랑이 있는 것입니다.

인간은 자기를 중심으로 원을 그린다

자신의 존재는 항상 주위를 끌어들여
자기를 키워가려는 구심력으로 작용합니다.

그가 그리는 원은 항상
몸통에 붙어있는 팔에 의하여 그가 중심이 됩니다.

보고 듣고 말하고 느끼고 깨닫는 것 모두가
그로부터 나오고 그를 향해 들어갑니다.
그래서 세상의 모든 것이 그가 중심이 됩니다.

타인을 자기보다 더 존중하기 위해서는
자신을 포기해야 합니다.

타인을 이해하기 위해서는 적어도
타인을 자기가 보고 듣고 느끼고 깨닫는 범위 안에
들어오게 해야 합니다.

타인을 자기처럼 잘 이해하기 위해서는
물리의 세계를 떠나
타인을 자기의 위치에 놓고 헤아려야 합니다.

자기중심성을 떠나지 못하고
오직 자신의 몸을 중심삼아 인생을 사는 한
그는 에고이스트로서 독단하며 혼자서
세상을 살아가게 됩니다.

컴퓨터와 인간

컴퓨터에서 소프트웨어와 하드웨어가
별도로 만들어지고 성장해갈 수 있듯이

인간에 있어서도 정신과 육체가
별도의 원천으로부터 오고 별도로 성장해간다.

컴퓨터에서 소프트웨어를 위해 하드웨어가 존재하며
소프트웨어가 하드웨어의 주인이듯이
인간에 있어서도
정신이 육체의 주인이며
육체가 정신을 위해 존재한다.

컴퓨터에서 하드웨어와 소프트웨어가
하나로 잘 조화되어 기능해야
한 시스템으로서의 목적을 달성할 수 있듯이

인간에 있어서도
육체와 정신이 잘 조화되어 기능하여야
한 인간으로써 훌륭한 일을 해낼 수 있다.

그러나 컴퓨터는
인간이 이치를 터득하고 의지를 불어넣으며
자연에서 재료를 얻어 만드는 3차적 산물이지만

인간은
신과 자연으로부터 직접 만들어지는
2차적인 존재이다.

생명들에게 자살할 권리가 없다

모든 생명들에 있어서
태어나거나 숨 쉬고 소화하고 피를 순환시키는 것이

자기의 의지와 노력에 의한 것이 아닌 것처럼
각자에게는 스스로를 죽일 권한이 없습니다.

살아있음은 신으로부터 받은 축복으로서
죽어있는 것보다 나은 것이며
더 좋은 삶을 위한 과정에 있는 것이기에
즐겁고 기쁘게 살면서
최선을 다해 인간으로 온 목적을 추구하는 것이
태어나게 한 자에 대한 도리이며
살아있는 목적을 다하는 것입니다.

자살은
살아있음을 죽음보다 못하게 보는 어리석음이요
살아있게 준 자유와 의지를 잘못 쓴 죄가 되며
태어나게 한 자에 대한 모독이 됩니다.

동물이나 식물 중에서
어느 생명이 스스로의 목숨을 끊는 존재가 있는가요.

보다 많이 주어진 지혜와 자유, 의지를
자살로 이용하는 것이
과연 현명한 일일까요.

살면서 지은 죄는
죽는다고 면제되는 것이 아니랍니다.
살아가면서 더 이상 죄를 짓지 아니하고
착한 일 많이 하면서

지은 죄를 삭여가는 것이
최선의 방책이랍니다.

그러기에 인간에게는
어떠한 경우에도
다른 사람을 죽일 권한 또한 없답니다.

자살은 모든 것 일체를 포기한 것일 뿐
동정은 물론 조금의 논쟁 꺼리조차 되지 못하는
무지 무모한 짓일 뿐입니다.

각자 개인적인 우주 속에서 살아간다

> 당신은 어떤 분야, 어떤 전문 영역에서 일하고
> 어떤 수준에서 보고 말하며 살아가고 있는가요?

1.1, 1.11, 1.111, ……, 2
2.1, 2.11, 2.111, ……, 3
. . . .
9.1, 9.11, 9.111, ……, 10

유한 속에 존재하는 무한!
유한 내에서 계속하여 만들어지는 무한의 세계들!

입구와 시작은 같으나
들어가면서 계속하여 무한히 나누어져가는 새로운 방들.

깊은 곳에 각자의 방을 구하여
누구의 방해도 받지 아니하고
혼자만의 세계 삼아 삶을 살아간다.

깊고 깊은 곳에 자기만의 방을 만들어
그 속에 들어 앉아 무한을 보면서
누구의 방해도 받지 않고
전 우주 삼아 삶을 살아간다.

닫혀있는 사회는 부패하고 썩는다

닫혀있는 마음은
창문을 닫아 놓은 방처럼 갑갑합니다.
외부와 교류하지 않기 때문입니다.

닫혀 있는 사회는
마침내 숨이 막히어 죽고 맙니다.

외부로부터 계속하여
새로운 것을 받아들이지 않고
순환시키지 않는 사회는 마침내
굳어지고 죽게 됩니다.

처음은 숨을 헐떡이며 활동이 무디어지다가
마침내 굳어지고 부패하고 죽고 썩어
분해되어 전체로 환원되게 됩니다.

이성理性은 누구도 억누를 수 없다

인간의 이성은
누구도 억누를 수 없습니다.

이성은 인간에게 신을 만나고
우주와 자연을 이해하고
인간을 인간답게 살아가게 하는
필수적인 도구이기 때문입니다.

이성이 적으면 동물과 같고
거의 없다시피 하면 무생물인 돌과 같습니다.
이성이 부족하면 자연의 이치도 깨달을 수 없고
진위, 선악, 미추를 판단할 수 없으며
주어진 자유도 누릴 수 없습니다.

그래서 인류의 역사에서
이성을 억누른 자, 탄압한 자는 모두가
엄중한 심판을 받았고
또한 앞으로도 계속하여 업과를 받을 것입니다.

이성은 생각하는 자유를 필요조건으로 삼고
합리合理를 추구함을
목적과 동시에 수단으로 삼습니다.

그래서 이성을 억누르는 자는
신과 진리의 존재를 무시하고

인간으로부터 생각의 자유를 빼앗고
합리 추구와 인간답게 살 수 있는 권리를 빼앗은 자가 되어
엄청난 대가를 받게 되는 것입니다.

나쁜 생각은 품는 사람을 먼저 해롭게 한다

독극물은
담는 그릇을 먼저 변하게 합니다.
해로운 생각은
품는 사람의 마음을 먼저 해롭게 합니다.

남을 해치려
칼을 갈고 뜨거운 물을 덥히고 폭발물을 만들다가
자기가 먼저 다칩니다.

나쁜 생각은 아예 머리에 두지 않는 것이 좋습니다.
나쁜 마음, 악한 정신은
남보다 자신에게 먼저 해를 끼치기 때문입니다.

그래서 항상
좋은 생각, 깨끗한 생각을 가지고 있어야 합니다.

누가 언제 물어도
'나는 이 생각을 하고 있었소'하고
자연스럽게 말할 수 있는 좋은 생각만 하고 있었으면 합니다.

고통과 기쁨은 이웃으로 전파된다

우주는 전체가 열려 있습니다
그리고 하나로 순환합니다.

그래서
어느 한 곳이 변하면 이웃이 변하고
그 변화는 계속하여 이웃으로 퍼져나갑니다.

한 곳이 고통을 느끼면 이웃이 아픔을 느끼고
한 곳이 기쁨을 느끼면 그 이웃에는 풍족함이 돕니다.
다만 그들이 공간에 전달되면서
다소 약해지거나 시간이 걸릴 뿐입니다.

모두를 풍족하게 하기 위하여
항상 기쁨을 창조하는 원천이 되었으면 합니다.

미치는 일

사랑에 미치고, 운동에 미치고, 노름에 미치고
돈에 미치고, 권력에 미치고, 오락 취미에 미치고
개인 또는 집단적으로 신에 미치고
진리에 미치고,

인간은 모두가 어느 일엔가
미치면서 삶을 살아간다.

진정으로 좋은 미침은
미침의 도중이나 그 광풍이 지난 뒤에도
몸에나 정신, 어느 것에도 해로움이 없이
이로움만이 남는 미침

좋지 못한 미침은
때와 장소, 기분에 따라 잃었다 얻었다 하거나
지나고 난 뒤 해로움, 아픔, 상처, 고독이 남는 미침

그래서 참 진리에 미치는 미침만이
진정으로 좋은 미침이 된다네.

참 진리에 대한 미침은
무한을 향해 아무리 추구되어도
조금의 해로움이나 싫증이 없이
언제나 기쁘고 즐겁고 뿌듯하기만 하는
참한 미침이라네.

그들은 알까?

사람의 발에 밟혀 죽는 지렁이는
자기가 무엇에 밟혀 죽는지 알까?

달리는 자동차 바퀴에 깔려 죽는 개미는
자신이 무엇에 치어 죽는지 알까?

한 호수에 사는 물고기는 다른 호수에

어떠한 물고기가 얼마나 많이 살고 있는지 알까?

손바닥에서 사는 미생물은
지구와 우주의 크기가 얼마나 큰지 알까?

땅속에 사는 두더지는
하늘의 세계, 밤의 세계를 알까?

밤에만 활동하며 굴속에서 사는 박쥐는
낮의 세계를 알까?

배속에 사는 회충은
누가 자기에게 먹이를 내려주며
그가 어떠한 목적으로 활동하고 있는지
그의 얼굴이나 몸의 생김새가 어떠한지
외부의 세상이 어떻게 돌아가고 있는지 알까?
회충의 내장에 사는 미생물은 어떠할까?

겨울을 땅속에서 지내는 뱀은
눈 덮인 풍경을 알까?

흑백의 색만을 보는 생물은
무지개를 볼 수 있을까?

사람과 다른 주파수로 세상을 보고
다른 주파수로 소리를 듣는 생물들은
인간이 듣고 보는 세상을 어떻게 느낄까?

우주 공간을 삶의 터전으로 하고
빛에 가까운 속도로 하여
혹성들을 징검다리 삼아 돌아다니는 지능체가 있다면
그들은 무슨 목적을 위해 살며
어떠한 모습이고 무엇을 먹으며 살까.

오, 깊고 드넓은 오묘한 우주와 생명의 세계여!
각자가 물리-정신적인 시공간을 나누어
독자 세계로 만들어
전 우주 삼아 살아가고 있구나!

정신 집중

한 점으로 모인 빛은
종이를 태우고 강철을 절단한다.

한 가닥으로 모인 정신은
솔리톤처럼 어느 것에도 영향을 받지 않으며
뉴트리노처럼 모든 물질을 꿰뚫고 나아가
깊고 드넓은 우주를 지나
저 너머 신의 공간인
무한의 진리의 공간을 탐색한다.

깊은 사색과 명상은

깊은 사색은
곤한 잠에서 깨어난 조용한 새벽에
옮게 촛불 밝히고
허리를 곧게 하고 단정히 앉아
눈을 지그시 감고
하나 둘 들-날숨 재며
머릿속 깊은 곳에 별들로 경계를 치고
광활하고 거침없는 공간을 만들어
몇 가지 조그만 생각꺼리들과 함께
훨훨 날기도 하고 조용히 걷기도 하는
그러한 것이랍니다.

명상은
깊은 사색마저 사라진 뒤에 오지요.

명상은
들-날숨도 멈추고
별들도 어디론가 사라지고
광활했던 공간은 무한이 되어
가느다란 생각마저 끊기고
자기마저 잊은 체
어떠한 움직임도 없이
온통 비어있음으로

허虛 · 공空 · 무無를 거쳐

마침내 어느 것도 없는
그래서 이제는
느껴지는 공空마저 없고
느끼는 주체마저 없으며
없는 것마저 없는

그러나 온통 평온 평안과
희열, 자유, 살아있음으로 가득 찬

그러한 것이랍니다.

인류여, 자연으로 돌아가라, 인간 본성으로 돌아가라

인간은 본래 참하고 착하고 아름다웠거늘
어찌 이리
거짓과 악과 더러움으로 가득 차면서
타락의 길, 고통의 길, 죄와 죽음의 길을 가고 있는가.

엄마는 튼튼해야 계속하여 젖을 줄 수 있거늘
어찌 이처럼 무제한의 그칠 줄 모르는 허기증에 빠져
어머니인 자연을 죽여가고 있는 것인가.

인간은 자연으로부터 왔다.
정신은 신으로부터 직접 오지만

육체는 자연으로부터 왔으며 자연을 터전으로 살아간다.
그래서 자연은 인간 탄생의 어머니요
삶의 터전이 된다.
조금도 쉼이 없이 젖줄을 빨아대는 아기처럼
아니 그것도 모자라
젖꼭지를 물어뜯고 젖몸을 할퀴고 몸을 두들겨 패는 아이처럼

지구를 몇 번 파괴시키고 남을 무기들을 만들어 놓고
인간들끼리 죽이고 공격하고 못살게 구는 것도 모자라
사슴의 목을 따 피를 마시고
곰의 쓸개에 침을 꽂아 쓸개즙을 빨고
나무들에 파이프를 연결하여 수혈을 훑어내고

같이 살아가야 할 자연의 생명들을 잡아먹고 죽이고
그들의 삶의 터전을 온전히 빼앗은 것은 물론
맛있는 것, 쓸모있는 것을 찾아 허겁지겁 헤매는
자연에 대한 흡혈귀들

독성의 오염된 물, 시꺼먼 연기, 온갖 쓰레기들 흘려대고
자연의 곳곳을 폭약과 포클레인으로 파고 뚫고 헤집고
시멘트를 퍼부어 칠해대며
피폐할 대로 피폐하게 만드는
자연에 대한 광포한 행동들.

이젠 악해도 악한 것을 모르고
도리어 당연시하고 서로 장려하고 영웅시하고

인간은 왜 이리 미쳐가고 있는 걸까?
왜 이리 포악해지고 있는 것일까?

하나님이 인간을 특별히 만들었고
우주 자연 생명들을 인간을 위해 만들었다고 하는
극히 잘못되고 사악한 신앙을 가진 탓일까?

본래 인간은 순수했고 착하여
자연에 고마워하며 조화되어 살아왔다.
그런데 언제부터 인간은 자연을
약탈의 대상, 정복의 대상
횡포를 부리는 대상으로 삼게 된 것일까?

자연은 이제 노하고 있다.
잔뜩 찌푸리는 햇살과
썩은 물과 공기, 흙
불현듯 몰아치는 강추위와 폭설, 폭서, 폭우, 폭풍우
시들어가는 나무와 시름시름하는 생명들로
고통을 토해내며
더 이상 인간을 낳은 어머니임을
인간의 삶을 보장하는 터전일 수 없음을 나타내며
화를 내고 있다.

그래, 엄마가 죽으면
아이는 어떻게 된다는 말인가.
자연이 망가지면
인간은 어디에 가서 산다는 말인가?

나만 오늘 당장 단맛을 빨고 배부르면
내일과 이웃 생명들은 몰라라
만사 그만이라는 말인가?

만족할 줄 모르는 탐욕의 허기증과 교만에 빠져
광란으로 미쳐가고
타락하고 병들고 찌들어가는 인간의 모습들!

인간들이여
자연으로 돌아가라.
인간 본래의 참하고 착하고 아름다움으로 돌아가라.
그래서 처음의 순수함으로 자연과 어울리며
그가 주는 혜택을 누리고 생명들과 조화되어 즐기며
평화로운 삶을 살아가라.

밥과 똥은 무엇이 다른가

밥과 똥은 어떻게 다른가.

목구멍을 통과했는지 아닌지의 차이인가?
냄새나 색, 모양에서 다소 차이가 나는가?

갓난아기의 똥과 어른의 똥은 무엇이 다르며
자기의 똥과 다른 사람의 똥은 무엇이 다른가.
또한 사람의 똥과 소의 똥, 개의 똥은 무엇이 다른가.

내 똥은 나의 몸에서 나온 것이 아닌가?
매일 씻어내는 때는
내 몸이 만들어내는 것이 아닌가?
가래침과 콧물은
조금 전에 들이켰던 물이 아닌가?

어느 것이 좋고 어느 것이 나쁘며
어느 것은 깨끗하고 어느 것은 더러우며
무엇은 쓸모가 있고 무엇은 쓸모가 없는가.
아서라.
그 것들이 뭐가 그리 크게 다르다고
그렇게도 호들갑들인가.

조그만 차이를 크게 보고
진정한 더러움을 알지 못하고
내 것과 남의 것을 다르게 보고
나의 배와 몸에서 나온 것들을 더러워하면서
육체는 그토록 섬기며 쉴 사이 없이 먹어대니
이 무슨 모순인가.

코끼리가 매미에게 물었다

코끼리가 매미에게 물었다.
네가 나보다 행복하냐?

너는 나보다 덩치가 작아
먹는 것도 적게 먹고
수명도 짧아 겨우 한 계절만 살다 죽는데
뭐가 그리 행복하다고 마냥 노래만 부르느냐?

매미가 코끼리에게 물었다.
그럼 너는 나보다 행복하냐?

너는 덩치가 커서
날지도 못하고 땅만 기며
배 채우려 고생만 하고 똥만 많이 싸다가 죽는데
뭐가 그리 행복하다고 몇 십 년을 사느냐.

귀가 둘인 토끼가 귀 하나를 잘랐다

귀가 둘인 토끼가 물을 먹기 위해서 오랜만에
깊은 숲 속에서 호수로 내려왔다.

호수 주위에는
많은 토끼들이 물을 먹고 있었다.

물을 먹고 난 뒤 돌아가려는 참에
동료들을 둘러보았다.

이상하게도 모두 귀가 하나였다.

헷갈리고 망설이며
무척 많이 고민하였다 - 무엇이 정상인가.
자기만이 귀가 둘이었다.
돌아가며 그 토끼는
자기의 귀 하나를 스스로 자르고 말았다.

농촌의 하루가 시작된다

'허흠 흐흠'
툇마루에서 노인네의 기침소리가 들려온다.

'삐걱 삐그덕' 대문 여는 소리가 들리고

'아아, 친애하는 주민 여러분, 잘 주무셨습니까, 오늘은 …'
이장의 마이크 소리가 들린다.

골목에 경운기가 통통거리고
논밭에서 트랙터가 연기를 내품으면서

오늘도 분주한 농촌의 하루가 시작된다.

골목에 그들은 모였었다

골목에 그들은 모였었다.
편을 나누어 왁자지껄 땅따먹기를 하였다.

금을 긋고 이것은 내 땅, 저것은 네 땅,
쪼아 다듬은 세금파리가 나갔다 되돌아오면 그것은
자기 땅이 되었다.
날은 저물었다.
어둑어둑 선이 보이지 않고
이슬이 내리고 손이 시려왔다.
굴뚝에 연기가 피어오르고
이름 부르는 소리가
여기저기에서 들려왔다.
모두가 내일 다시 하자며
선을 발로 지우고 세금파리를 내던지고
집으로 돌아갔다.

손을 씻고 밥을 먹고 잠에 들었다.
오늘의 모든 일을 잊은 체
내일은 더 많은 땅을 차지하기를 바라며
엄마 다리를 베고 코를 골며
곤한 잠에 떨어졌다.

부록 : 진리를 하는 바른 자세 (10수칙)

이 자세를 얼마나 철저히 갖추고 몸에 배게 하며 견지해 나가느냐에 따라 깨달은 진리의 참함의 정도와 넓이가 정해질 것이다.

1. 가장 먼저 철저히 참회하고 회개하여 자신을 과거로부터 완전히 자유롭고 순수하고 깨끗한 상태로 만들어라.

2. 모든 욕심과 집착 – 심지어 어떠한 명예욕까지도 - 철저히 버려라. 욕심은 목적과 의도를 만들어내고 환을 지어내어 그릇된 인위적 진리를 만들어내고 참-진리를 왜곡시키는 지름길이 된다.

3. 나의 주체는 정신이며 삶의 목표는 완전한 정신세계의 도달에 있음을 잠시도 잊지 마라. 택하는 중도의 수준에 따라 진리 터득의 진척도가 달라지며, 육체를 정신보다 우선으로 놓는 순간 진리는 왜곡되기 시작할 것이다.

4. 자신은 물론 이웃, 민족, 인류, 심지어 신까지의 어느 것에도 아부하지 말며, 자기중심성과 주관으로부터 철저히 벗어나 완전히 객관적이 되라. 내가 없어도 진리는 존재함을 잊지 마라.

5. 모든 선입견, 고정관념, 잡다한 일반상식, 이데올로기들에서 완전히 탈피하라.

6. 물리세계에 있어서의 상대성, 무수한 유사성, 지속적인 변화에 현혹되지 않도록 하라. 항상 변하면서 있다가 없다가 하는 물리세계는 결코 영구불변에 해당하는 진리의 세계가 아님을 잊지 마라.

7. 형식과 요식을 배격하고 있는 것을 있는 그대로 보며 진짜인 내용만을 추구해 가라.

8. 인간의 인식과 사고 능력에는 항상 오류와 한계가 있을 수 있다는 것을 명심하라.

9. 자기기만, 자기합리화, 자기만의 세계에 빠지지 않도록 극도로 조심하라.

10. 최종적이고 궁극적인 질문이 해결되어 조금의 걸림과 의혹이 없이 원통, 만사형통할 때까지 의문을 하나하나 철저히 검증하며 풀어 가라.

후기後記 : 글 지은 자의 토吐

1. 진리를 묘사하는 데에는 과장이나 치장, 은유를 필요로 하지 않는다. 다만 언어표현 능력상 간혹 비유를 사용할 뿐이다. 이 글집은 진리를 보다 간결하게 표현하고자 시 형식을 택했다. 마지막 장에 다소 서정적인 글을 넣었지만 전체적으로 다소 딱딱하고 건조하다. 이해를 바란다.

2. 이 글집은 먼저 세상에 나온 '진리론: 참-진리는 무엇이며 인류에게 어떻게 이로운가'의 자매 글집이다. 먼저 시집이 만들어졌으나 출판 사정상 순서가 뒤바뀌었다. 둘 사이의 차이는 시집이 중요한 내용들만을 뽑아 나무의 마디 만들 듯 뭉쳐냈으며 시작편에 인류역사를 회개하는 글과 새 시대를 갈망하는 기원을 담았다는 것이다. 카페에 올라 있는 글을 추리고 축약하고 다듬었다.

3. 참-진리는 물리적 시공간을 초월하면서 영구불변하며 모든 곳에 편재한다. 참-진리는 뒤틀림이나 상호 모순, 막힘, 걸림이 없이 전체가 하나로 원통圓通하여 이어지며 온-진리의 부분들을 이룬다. 여기의 시들을 하나로 엮으면 참한 온-진리가 될 것이다.

4. 이글은 지은이가 일생 가져온 28개의 질문을 전문연구와

고행, 참회, 깊은 칩거의 명상을 통해 해결한 해답집이다. 언젠가 나와의 인연으로 인하여 고통을 당했거나 진선미 하지 못한 것들을 보아야 했던 자들에게 깊은 용서를 빈다. 앞으로는 진리와 더불어 영원히 이로움과 평온만을 같이 나눌 수 있을 것이다.

5. 이 글은 모든 인종, 민족, 종파를 초월한 것이다. 인간과 진리는 본래 옳고 아름답고 선하기에 선입관이나 고정관념을 벗어나 어느 누구나 같이 할 수 있기를 기대한다. 이 글의 참뜻이 세계 곳곳에 퍼져 세상이 밝아지고 평온해지기를 두 손 모아 빈다.

새로운 세상이 오는 소리를 들으며,

2010. 8. 15.
智理山 妙香垈에서
眞子 李穩昆 합장

새 시대를 여는
진리의 노래 眞子 李穩昆

초판인쇄 : 2010년 9월 5일
초판발행 : 2010년 9월 10일

지은이 : 眞子 李穩昆
펴낸이 : 서 정 환
발행처 : 수필과비평사

출판등록 : 1984년 8월 17일 제28호
주 소 : 서울시 종로구 익선동 30-6
운현신화타워 빌딩 2층 208호
전 화 : (02) 3675－5633, (063) 275－4000
팩 스 : (063) 274－3131
E-mail : essay321@hanmail.net

값 10,000원
ISBN 978－89－5925－7424－3 03810